孤独の達人

自己を深める心理学

諸富祥彦
Morotomi Yoshihiko

PHP新書

JN150399

はじめに

孤独とは、一人でいること。

しかしこの「孤独＝一人でいること」は、私たちの人生において、時と場合によって、全く異なる意味合いを持って立ち現れてきます。

私たちは誰もが、パートナーがいなかったり、友人ができなかったりして、必要なつながりを持てずにいるとき、惨めでさみしく、つらい気持ちになることがあるでしょう（社会的孤立＝非選択的孤独）。

しかしこの一人の状態を「よし、どうせ一人でいるのなら、それを思う存分充実したものにしてやろう」と改めて主体的に選択し直すとき、それは、全く異なる意味合いを帯びてきます（主体的に選択された孤独）。

あるいは、友人からの同調圧力やパートナーからの束縛によって疲弊していた人が、そうしたしがらみを断ち切って一人で行動するようになったとき、圧倒的な自由と解放感を得て大きな喜びを感じることがあります。たとえ物理的に一人にならずとも、例えば配偶者などのパートナーがいたとしても、お互いの「一人」を尊重し合える関係を構築し直すことができたならば、同様に大きな自由と解放感を得られることでしょう。

私たちは、しかし、これで満たされるわけではありません。

私たちは、時折、世の中の喧騒から離れて徹底的に孤独に徹し、一人黙して自己の内面深くに沈潜する時間を持ちたくなることがあります。そのような「深い、一人の時間」を持つことではじめて、私たちは、より深く自分自身であることができます。真実の自己を一人、内面的に探索していくのです（深層の孤独）。そのような「実存的で、深い孤独」において人ははじめて内面的な充足を得ることができます。また、そのような人はしばしば、ごく親密な他者との深いつながりだけを好むようになるようです。

このように、一口に「孤独＝一人でいること」と言っても、「社会的に孤立した状態」「みずから一人を選択することで自由と解放感を得られている状態」「内面に沈潜することで真実の自己を求めていく深い孤独」といったさまざまな様相を含むのです。

「孤独＝一人でいること」との向き合い方が、人生を豊かなものにするために問われていると言っていいでしょう。

本書は、「孤独」との向き合い方を考え、心満たされた人生を生きるための書です。
あなたよ、孤独の達人たれ。
あなただけの「最高の孤独」を。

孤独の達人　目次

第1章　一人を自由自在に生きる

第2章 現代人にとって孤独とは

第3章 「一人」を生きる能力

第4章 自分らしく生きることができない苦しみ

第5章 もしかすると私も「プチ愛着障害」？

第6章 単独者として生きよ 深く流れる「ひとり時間」を楽しむための孤独の理論

第7章 孤独の条件

第10章 孤独の達人

第1章

一人を自由自在に生きる

▼三つの孤独

「孤独」には、おおまかに言って、三つの様相があると思われます。

まず一つは、パートナーがいなかったり、友人ができなかったりして、必要なつながりを持てずにいる、さみしくつらい孤独。社会的孤立。自分で選んだわけではなく、否応なくそこに追いやられてしまった「非選択的な孤独」です。

あるいは、親しい人との別離や喪失があった後の、ただひたすらさみしい孤独、喪失と絶望にうちひしがれた孤独です。

愛する妻（夫）や恋人に捨てられたり、信頼していた人に裏切られたりして、一人さみしく過ごすことになった夜は、ただただ、つらい。身体はわなわなと打ち震え、心は凍りつく。そんな日が長く続くと、心も身体も次第に蝕《むしば》まれていく。

心理療法家である私が出会う人々の中にも、配偶者や恋人、家族を失い、大きな喪失感とどうかかわればよいのか、戸惑っている方は少なくありません。その胸の内にぽっかりと空いた穴の大きさにどう向き合えばいいのか困惑しはてて、あまりのつらさに、面接室で「うぉぉ……」と慟哭《どうこく》にも似た声を上げる方もおられます。

ことほどさように、孤独は、心身に大きなダメージを与え、生きる力を奪っていきます。

日本をはじめとした先進国では長寿化と共に「孤独化」が進行し、これが心身の健康に甚大な影響を及ぼしていることが、おおいに議論されています。二〇一八年一月に英国で「孤独担当相」が任命されたのも、孤独のもたらす被害が国家レベルの喫緊のものであることを象徴するエピソードです。ある調査によれば、孤独の死亡リスクは肥満の二倍高く、一日にたばこを一五本吸うことに匹敵するとされています。ことにこの孤独のダメージは、配偶者への依存度が高い日本の男性が離別した場合に高く、離別男性の糖尿病による死亡率は有配偶者の一二倍、肝疾患による死亡率も八倍になるとされています。

このように考えると、孤独は、一人一人の人生においても、国家や地域社会のレベルにおいても解決・解消すべき大きな問題です。私の臨床経験上も、ふれあいは生きる意欲につながります。人と人とのふれあい（リレーション）こそが、人が前向きに生きる力へつながっていくのです。

二つ目は、物理的には同じ一人であっても、「よし、どうせ一人でいるのなら、それを思う存分充実したものにしてやろう」と改めて主体的に選択し直された孤独、「選択的孤独」です。

普段、仕事仲間や家族や友人、恋人などとの関係性にがんじがらめにされ、同調圧力に苦しんで窒息しそうになっている人がこの日本にはたくさんいます。特に同調圧力が強く、「普通であること」へのこだわりが強い日本人の場合、集団に属し、そこから外されないために心身を消耗している人も少なくありません。そうした人にとって、一人の時間を持つことは、心身を解き放ち、自由を楽しむことができる貴重な機会です。孤独の時間は、自由と解放の時間なのです。

最近の「一人ブーム」、例えばドラマ『孤独のグルメ』(テレビ東京)などが支持されているのも、これまで何かにつけ、周囲の人に合わせて同調行動をとることを求められ、食べたいもの一つ自分で決められずにきた多くの人が、「だったら、一人が気楽でいいや」となって、一人で行動する人が増えてきたのだと考えていいでしょう。人の目をあまり気にせずに、「ま、いっか」と、焼き肉や立ち食いソバやチェーン店の牛丼を食べる女性も増えてきました。まことに、健全。

こうした人にとって「一人でいること=孤独」は、ただ寂しくて打ちひしがれている人とは、全く異なる意味を持ってきます。

それは「自由と解放の孤独」なのです。

三つ目は、世の中の喧騒から離れて徹底的に孤独に徹し、一人黙して自己の内面深くに沈潜する「実存的な深い孤独」です。

私たちは時折無性に、徹底的に一人でいたくなることがあります。例えば、断食道場に行くなどして、一週間ほど、スマホも使わず、世間との交渉を断って、「一人」に専心没頭したくなるのです。私たちが行っているカウンセリングや心理療法、ワークショップも同様の意味を持つものと思いますが、そうした「非日常的空間＝リトリート」に身を置くことで、私たちはようやく、せわしない時間の流れを止めて、己の内面を見つめ、真の自己を取り戻そうとすることができるのです。

こうした場合、「一人でいる時間＝孤独の時間」は、自分の内側としっかりとつながって、真の自己、ほんとうの自分となっていくために不可欠な、内面的な自己探索の時間です。孤独であることの真の醍醐味《だいごみ》は、一人、静かに自己と向き合うことにあります。

己と向き合い、己と対話する時間がなくては、人間としての真の成長はありません。自分の内側と深くつながって、真の自己を、よりほんとうの自分、より自分らしい生き方を探していくのです。

また、深く孤独であることは、創造のためにも不可欠です。既知の考えやパターンと、内側のインプリシット（暗示的）な側面が相互作用するとき、新たな何かが生まれます。真のクリエイティブな思想、芸術、科学的発見は、分野の違いを超えて、きわめて孤独な作業からしか生まれないのは、必然です。

そしてこの深い孤独においてこそ、少数のごく親密な他者との深いつながりが回復されます。というより、深い孤独を知った人は、表面的なつながりを避けるようになり、少数の人との間でのごく親密で深い交流でしか満たされなくなるのです。それはまたそのような、ごく親密な深いつながりの中でしか、自己を真に深めていく、という内的な自己探索の作業を深めていくことは困難だからでもあります。

このように孤独は、それとどうつき合うかによって、人生がただただ悲惨なものとなったり、あるいは逆に、自由で解放的な人生に道を開いてくれるものとなったりし、さらには自己の内側と深くつながった内面的に深い人生への機会を開いてくれもする、現代人にとって大きな問題の一つなのです。

つらい別れの結果否応なく訪れる、自分で選んでいない孤独（非選択的な孤独）は私たちを窮地に追い込むが、自分で選び取った孤独（選択的孤独）は、私たちに自由と解放をもたらします。新たなつながりへと道を開き、自分の内側とつながり直して真の自己となる機会にもなりうるのです。

あるいは、最初は、ただ離婚や死別などの結果余儀なく訪れた非選択的な孤独であり、そのさみしさや苦しさの中でのたうち回っていたとしても、あるとき覚悟を決めて、「よし、これが私の運命だ」と改めてそれを選び直したときに、全く異なる様相を呈してきます。孤独はしばしば、古い自己との決別と、新しい自己への再生の契機となりうるのです。

さて、このように孤独には、三種類の孤独があります。

この三種類の孤独を仕分けして論じなくては、孤独に関する論議を深めていくことはできないでしょう。

１　社会的孤立。離婚、死別、破談、失職などがもたらす別離によって、他者とのつながりや社会的な連帯から切り離され、疎外された心理社会的な状態。自分で選んだのではなく、自分の意志とはかかわりなく訪れてしまう「非選択的な孤独」。この状態を指すのには「孤立」という表現を用いるのがふさわしいと思われる。

２　他者とのしがらみや同調圧力から解放され、自由になった心理社会的な状態。自分の意志で選んだ「選択的な孤独」。『孤独のグルメ』「一人旅」「おひとりさま向上委員会」とい

孤独の達人（最高の孤独）への道

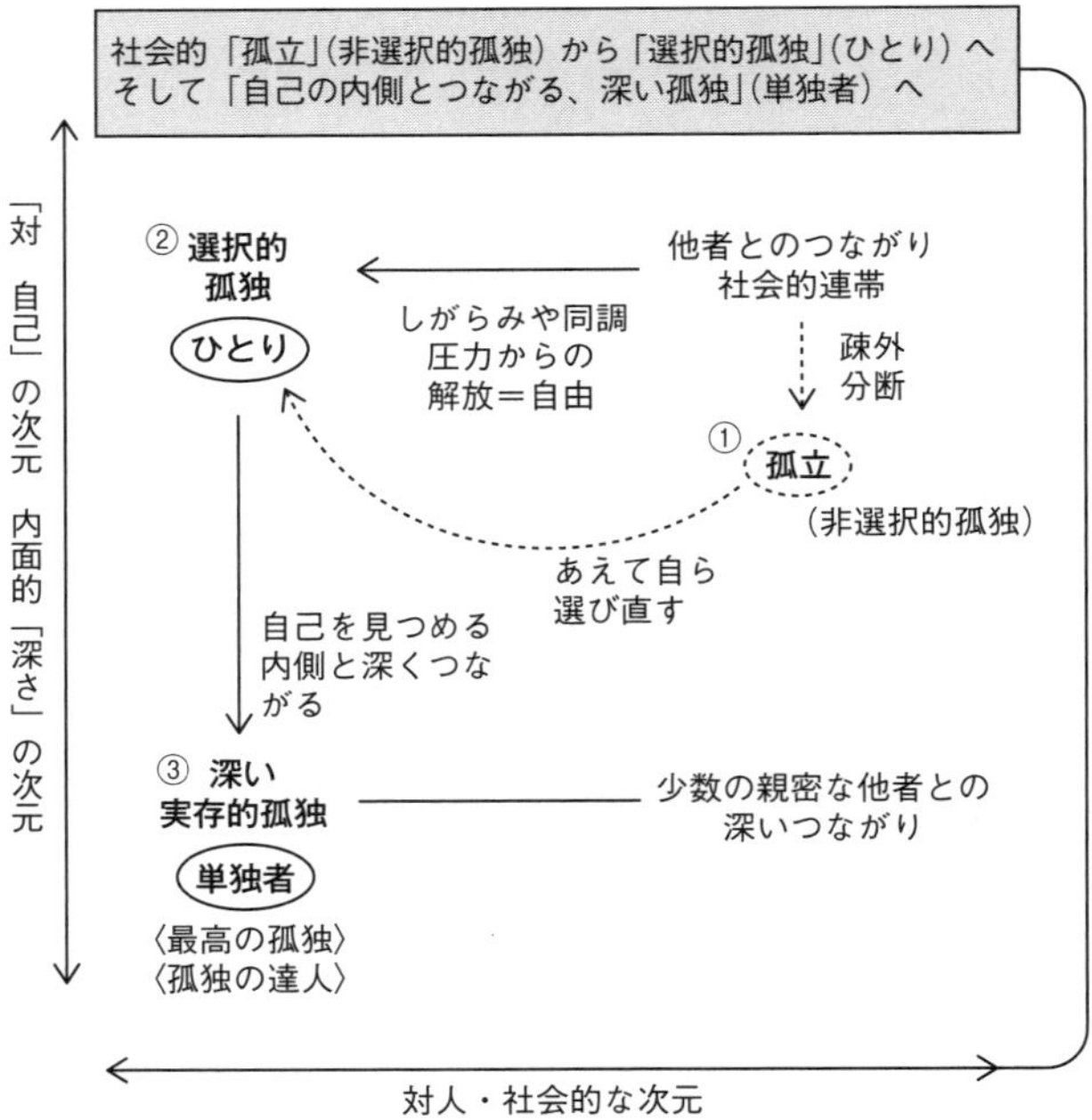

ったケースがこれに相当することから、この状態を指すのには、「ひとり」という表現がふさわしいと思われる。

３　一人、静かに己と向き合い、自分の内側深くとつながり、自己の内面を見つめていく「深い孤独」。哲学や心理療法（サイコセラピィ）、ワークショップなどが自分の内側と深くつながっていくツールとなる。キルケゴールに由来する「単独者」概念の「単独」という言葉がこの深い孤独を表現する言葉としてはふさわしいと思われる。

▼「孤独」という言葉の否定的意味、肯定的意味

孤独であること、一人でいることとは、先に見たように、それに対して私たちがどのような姿勢を取るかによって、全く異なる意味を帯び始めます。何らかの事情でそこに仕方なく追いやられてしまった場合（受動的で非選択的な孤独）は、ただ陰うつなものでしかありません。しかし、改めてそれを自分で選び取ったと見られると（主体的に選択された孤独）、それは、伸びやかで解放的で、肯定的な意味を放ち始めるのです。

孤独の肯定的な意味とは何でしょうか。一人であるということが苦にならないような状態。むしろ、一人でいることで自由で伸びやかに生きることができる。そういう状態です。

この本でも、そのように「一人」を生きることによって、自由に、かつ伸びやかに生きることができるような生き方を提案したいと思います。

では、孤独という言葉の否定的な意味は何でしょうか。人々から見捨てられて一人になった状態。所謂《いわゆる》ロンリネス（loneliness）の状態です。人から拒絶され、あるいは、疎外されて、全くひとりぼっちになってしまったつらくて寂しい状態です。

どちらも、孤独という言葉の持つ側面であると言えると思いますが、孤独という言葉は往往にして、否定的な意味で捉えられがちです。人から疎外されて、のけ者になり、ひとりぼっちでとてもさみしいという意味に捉えられがちです。

一人でいると、心に空虚さが忍び込んできて、人生が悪いほうに行くのではないかと考える人がいます。『ロリータ』を書いたロシア生まれのアメリカの作家、ナボコフは、「暇な時間こそ、私たちによくないことをさせる悪魔の時間である」と言ったそうです。暇だとろくなことを考えないということですね。

一人の時間は、どう過ごすかによって、悪魔が近寄ってくる時間にもなれば、とても充実した時間にもなるのです。

一方、孤独を積極的に評価した文学者もいます。ゲーテは『ファウスト』で、「孤独に帰れ」「そこにお前の世界を生み出すのだ」と言ってますし、スタンダールは『恋愛論』の中で、「人はあらゆるものを孤独の中で得ることができる」と言っています。そして、アメリカの小説家ポール・オースターは『孤独の発明』という本の中で、「孤独は人間の全能力を引き出すのだ」と言っています。

木原武一『孤独の研究』（ＰＨＰ文庫、三二ページ）に、孤独という字の漢字の由来が書いてあります。「孤」というのは、親を亡くした子、みなしごであり、恐れておどおどするという意味がある。それに対して「独」は、気味の悪い芋虫と犬から作られていて、人に嫌がられる犬を意味しているそうです。

この孤独という言葉の漢字の成り立ちを考えると、やはりかなり否定的な意味が込められています。「みなしご」「おどおどする」「気味の悪い芋虫」……。相当ネガティブな意味合いが強いですね。

本書で言う「一人でいる時間を肯定的に生きる」という感覚はむしろ「単独」という言葉のニュアンスに近いものがあります。「孤独」という言葉に比べると、「単独」という言葉には、かなり前向きで肯定的なニュアンスが含まれます。「充実した〝一人の生〟を生きる」ことを「単独者として生きる」と表現してもよいように思います。

▼一人の時間なしでは、人は、中心を失ってしまう

では、一人の時間を持たないと私たちはどうなるか。自分の内側から切り離され、その中心を失ってしまうのです。中心を失ってしまい、散り散りばらばらになってしまう。一人の時間なしでは、そうなってしまうのです。裏を返すと、一人でいることのポジティブな意味というのは、自分の中心を取り戻すということ。自分の内側とちゃんとつながって、中心を失わないように生きるということだと思うのです。

いつも他人と共にいると、私たちはつい、自分の中心を見失ってしまいます。自分の中心軸を見失ってふらふら彷徨《さまよ》ってしまう。自分の中心を保ちながら生きるためには、一人の時間が必要なのです。

カナダの天才ピアニストのグレン・グールドも、誰か人と会ったならば、その後にその何倍かの「一人の時間」を持つことが必要だと言っています。

▼自分の「内側」とつながること＝「自己関係」をつくること

一人でいることの意味は、自分の内側とつながること、自分の中心軸を持つことにある、

と言いました。これは、自分自身との関係、「自己関係」を作り上げる、ということです。「自己関係」について徹底して考えた一人が、デンマークの思想家、セーレン・キルケゴールです。

『死に至る病』というキルケゴールの主著の本の第一編冒頭に、「関係としての自己論」といわれている箇所があります。その部分を少し引用します。

「人間は精神である。では、精神とは何か。精神とは自己である。では自己とは何か。自己とは、それ自身に関係するところの一つの関係である。言い換えると、その関係において、その関係がそれ自身に関係するということ。そのことである。自己とは単なる関係ではなくて、関係がそれ自身に関係するということなのである」

「関係がそれ自身に関係することである」というくだりがあります。これはつまり、自己というものは、実体として静的なものとして実在するわけではなく、「自己が自己と関係する」という動的な関係性そのものであるということです。自己というのは固定されたものではない。自己とは、静的な止まった状態のことではなくて、絶えず自分で自分を見つめ、自分の内側とさらに深くつながっていくことを通して、自分が生成していく状態を指す言葉である。そのような、常に動いている、生成しつつあるものとしての自己をキルケゴールは説いています。これが、自己関係というものの実際を、かなり的確に表わしています。すなわち自己というもの、「本当の自分」というものは、自分が自分自身に絶えず関係している中で立ち現れてくるものです。逆に言うと、単にじっとしてるだけでは自己にならない。自分の内側から離れて、頭の中で「ああでもない」「こうでもない」と堂々めぐりを繰り返したり、人の目ばかり気にかけていても、自己関係は深まっていかない。自分で自分のことを見つめて、自分の内側と深くつながって、自分の内側深くに意識をとどめて、そこから浮かび上がってくるものを拾っていくような仕方で、自己は、あるいは、本当の自分というものは立ち現れてくる。こうした自分自身への向かい方次第で、自己関係は深まったり、逆に表層的なものになったりしていくのです。

▼「深い自己」を持つための四つの条件

では、深い自己関係を持つための一番の条件とは何か。まずシンプルに四つのことがあると思います。

一つは、他者との比較をやめるということ。伸びやかに自由に人生を楽しみ、かつ、充実した時を過ごすためには、まず、他者との比較をやめる必要があります。他者との比較の上で生きると、自己は内側から切り離され、中心を失い、とても不自由になってしまいます。「比較をやめる」とは、より具体的に言うと、競争しないということです。競争するということが、私たちが自分らしさを見失ってしまう原因の最たるものです。

私たちの多くは常に競争を課せられます。仕事の成果、学校の成績など、そこから逃れ難いのは確かです。けれども、それを人生の中心に置いてしまうと、私たちは自分を見失ってしまいます。「飯を食うための手段だ」と割り切ることができればいいのですが、他者との比較において自分の価値は決まるのだと本当に思い込んでしまうと、私たちの自己は死んでしまいます。

ハイデガーという哲学者は、著書『存在と時間』の中で、人間は世界のほうから自己を了解する傾向があると述べています。つまりは、世間の価値観から、自分というものを推し量っていく傾向が人間にはあるということです。現代社会においては、競争ということが世間の価値観として相当強く浸透しています。例えば、学歴という一つの尺度があります。入れた大学で自分の価値を推し量ってしまう。社会人になったら、この会社の中で俺はあいつには負けているとか、たえず他者と比較しながら自分の価値を推し量っている。他者との比較において相対的に自分の価値を決めるという習慣が私たちにはあるのです。しかしそれを行っていると、人との比較においてしか生きられなくなってしまい、自分がだんだん縮こまっていきます。

このように、自己を持つことの第一の条件は、競争は本質的な価値を持たないとわきまえることです。自分の人生の本質は他者との比較において決まるものではないということを、心の底から会得することです。そして、他者との比較において生きるのをやめることです。

二つ目の条件は、「一人の時間」を十分に持つということです。先ほど言ったように、人間は、自分が馴染《なじ》んでいる社会の価値観から自分の価値を推し量る傾向を持ってます。ここから自分を引き離すためにも、物理的に一人になることが大切です。一人きりになる時間をある程度確保しないと、自分の中心軸を取り戻すことはなかなかできないと思います。

三つ目の条件は、「自分の内側とつながる」ことです。いくら一人の時間を持っても、ただモヤモヤ、くるくると、頭でっかちな観念的な思考の堂々めぐりをしていたのでは、自己を持つことはできません。自分の内側の深いところとつながる。自分の内側の深いところに意識をおろして、自分がこれからどうありたいか、どう生きていくかを自分の内側に響かせしながら生きていくのです。

四つ目の条件は、我を忘れて取り組める何かを見つけることです。その「何か」を、私は

「人生の使命」とか、「魂のミッション」と呼んでいます。人間は、自分のために生きようとすると、だんだん心が空転し始めて、空虚にならざるを得ません。心理学者のヴィクトール・フランクルは、人間は自分自身の幸福を追求し始めると幸福を永遠に得ることができなくなる、自分自身の心を満たそうとし始めると心はますます空虚にならざるを得ない、と言います。人間の心は、自分のために生きる、「したいことをする」というのでは、スカッとはしても、深く満たされることはありません。「私は、このことをするためにこの世に生を得たのだ」と、心から思える何かを見つけて、それに日々没頭して生きるときにだけ、人の心は深く満たされます。そして、自分でも信じ難いほどの底力を発揮することができるのです。これは決定的に大事なことです。

▼「単独者として生きる」とは、真に心が自由になって生きること

ではこの四つの条件を備えた生き方とは、一言で言えばどういう生き方かというと、「真に心が自由な生き方」ということになろうかと思います。

他者と比較しない。一人の時間を持つ。自分の内側と、しっかり深くつながる。自分で見つけた何かに没頭して我を忘れて生きる。そうすれば、本当に充実した人生になるわけで

す。本当に充実した一人の時間を生きている人の例を本書では何人も挙げていきますが、この人たちの共通項は何かというと、真に心が自由に生きていることです。精神が自由であり、一人を満喫して生きている。それは、人に媚《こ》びない生き方であり、周りに合わせずにすむ生き方です。

▼精神的なランクが高い人、低い人

現代を代表する心理療法家の一人アーノルド・ミンデルがこういう内容のことを言っています。「ランクというものを意識していないと、ランクが上の人は、ランクが下の人に横暴な振る舞いをしてしまう。だから、ランクが上の人間であればあるほど、自分はランクが上であるという自覚を持っていなくてはいけない」。

この社会にはさまざまなランクがあります。その一つは、経済的なランクです。経済的に豊かな人は、貧困な人に対して、自分は豊かなんだという自覚を持って接していないといけない。そうしないと、貧困による困惑をつい忘れてしまって、横暴な振る舞いに出てしまう。お金を持っている人は、お金を持っている状態に馴染んでしまって、貧困者の困窮をつい忘れてしまうのです。

誰だったか、ある芸能人が次のようなことを言っていました。「人間はお金がないときは、一億持っていたらどんなにいいだろうと思う。でも、実際に一億手に入ったら、嬉しいのはせいぜい一週間。一週間もたてば、一億持った状態に慣れてしまう。一億持っているのが当然になってしまう」。なるほどそうだろうなと思います。一億円を持っていることが前提になると、財産がほとんどない人の気持ちなんて、想像できなくなってしまうのです。これが、経済的なランクが上の人の盲点です。

社会的にランクが高い人は、自分がランクが上であるという自覚を持たないと、往々にしてハラスメントを起こしてしまいます。部下に対して横暴に振る舞う上司の問題が後を絶ちません。「お前は職を失うぞ」というようなことを、ブラック企業じゃなくても言ってしまう。そのことによって相手の立場を脅《おびや》かしてしまいます。

健康や年齢のランクもあります。日本人は、健康や年齢をすごく気にします。若くて健康な人は価値があるけれども、老いて不健康な人はほとんど価値がないかのような扱いをされてしまう。これはある女性の方が言っていたことですが、アメリカの映画を観ていると、四〇代ぐらいのヒロインが主人公で出ていることがわりとある。けれども日本の場合、まずそうしたことはない。映画のヒロインはほとんどの場合二〇代か、せいぜい三〇代前半です。

このように、日本は、若さに大きな価値を置いた文化になっています。ですから日本では「若い」ということが、とても高いランクになっている。テレビでも数多くの健康番組が放送されています。若さと健康はつながっています。このような状態で、若い人が老いた人に対して鈍感になってしまうと、相手はすごく傷ついてしまいます。

そのようなランクと並んで、スピリチュアルなランクというものがあります。スピリチュアル・ランクというのは、精神的なランクですね。精神的な格が高い人と、精神的な格が低い人がいます。具体的に両者は何が違うのかというと心が「自由」かどうかです。精神的なランクが高い人、スピリチュアル・ランクが高い人は心が自由なんです。日常生活でもテレビでも、この人はなんて自由なんだろうと思える人がいるものです。そして、「一人を楽しむことができている人」というのは、往々にして、とても精神的に自由で、精神的なランクが高い人なのです。つまり、一人を享受できている人は、精神的な成熟度が高くて、とても自由な状態にいるのです。だからこそ伸びやかな生き方になって、幸福であることができるのです。

では心が自由とはどういうことか。もう少し具体的に考えてみると、自分の「ワクワク」に忠実な人のことです。「一人の達人」は、みんなこぞって自分のワクワクにとても忠実です。逆に言うと、自分のワクワクに目をつぶっている人は、一人を享受できない人であり、精神的に不自由な人であると言うこともできると思うのです。

▼「ワクワク」に忠実に生きる

「ワクワク」に忠実である心の状態のことを、アーノルド・ミンデルは、フラート（flirt）という言葉で表現しています。フラートという英語のもとの意味は、誘惑してくるということ、チラチラと意識に誘いかけてくる、ということです。

精神的に自由な人は、自分の心に誘いかけて、ワクワクさせてくれるものに、とても素直です。

例えば仏像が好きな人は、ひたすら仏像を見て回る。あるいは鉄道が好きな人は、「鉄ちゃん」になって、ひたすら鉄道にこだわる。ポストが好きな人は、気ままに、日本中のポストを見て回る。こういう、自分のワクワクに従って生きることができると、自由を獲得することができます。

別の側面から見ればこれは、計画的目的的な行動しかできない人と、そのときどきの気持ちに従って素直に柔軟に動ける人の違いでもあります。例えば旅をするのもそうですが、あらかじめ立てていた計画どおりに行動していないと不安になるという人もいます。このような人は、やはり、「一人を楽しむことができる度合」という点ではランクは少し低くなるでしょう。不自由度が高い。自分で立てた計画に縛られているのですから。そうではなくて、ふとした思い付きや、旅で出会った人との会話などによって、予定なんかどんどん変えてしまうことができる。こういう人は、フラートに素直に従っていますから、心は自由なのです。

▼人生は寄り道が大事

「本屋で本を探すこと」と、人生とは似ている面があるなと思うことがあります。本屋をうろついていて、途中ですごく気になる本が目に入ったとしましょう。そのときは買うつもりはなかったから、最初から買う予定のあった本だけをパッと買って店を出てしまう。だけど、店から出て数分経っているのにもかかわらず、その本のことが気になって仕方がない。そうしたときに、パッと本屋に戻って本を買う。こういうことができるかどうか。精神の自由さの度合というのは、こういうところでわかるんだと思うんです。

つまり、意識的目的的に何かを探すだけでなく、何か心に引っかかるもの、妙に気になるものを大切にするということです。言い方を変えると、「人生は寄り道が大事」ということです。寄り道をエンジョイできる人が、精神的なランクが高い人。自由に一人を楽しむことができる人です。本屋であらかじめ決めていた目的の本だけを買ってすぐに本屋を後にする人は、時間を無駄にしない、目的合理性に富んだ人だと言えるでしょう。もちろん忙しいときはそうしたほうがいいですし、それ以前に今多くの人は、まず本屋にも行かずに、アマゾンで注文してしまうと思います。

ですが、せっかく時間とエネルギーを使って本屋に行ったのだったら、目的の本だけ買って帰るのでは、あまりにもったいない。何か自分の魂を惹《ひ》きつけるようなものを新たに発見するチャンスを見失っている可能性があります。せっかく本屋に足を運んだのなら、目的の本を探しながらも、なぜか目に飛び込んでくる本とか、妙に気になる本を手に取ってパラパラめくりながら本屋の中を歩くという姿勢が、人生の幅を広げてくれるのではないかと思います。

▼「寄り道」が変えた運命

人生も同じです。常に計画的に生きているだけでは、人生の幅はどんどん狭くなってしまいます。何か妙にチラチラと気になるもの、意識に誘いかけてくるもの、そういったものに意識を向けて、寄り道をすることが大事です。

例えばあるレストランに行ってみたら、イベントのチラシが置いてあった。最初はこんなもの全然行くつもりないと思っていたけれども、なんだか気になるからフッと行ってみた。そうしたらそこで出会った人と交際が始まり、結婚したということになるかもしれません。あるいは、すごく長く関係が続く親友がそこで見つかるかもしれません。

こういう「寄り道」が苦手な人は、人生がどんどん乾いた感じになってしまいます。豊かな人生を送るためには、「寄り道」の感覚がとても重要です。

フラートの感覚（ワクワク感、寄り道感）を大切にしましょう。

あるビジネスパーソンは、いつも職場と自宅の往復だけでした。しかし、あるときふと気になって、脇道を通りたくなったのです。通ろうと思ったらいつでも通れたはずだけど、それまで一度も通ったことはなかったその道を。「自分でも脇道が苦手な人間だったと思う」とおっしゃっていました。でもそのときは、ふと気になって脇道を通ってみたのです。

そうしたら、お寺があった。見ると、一九時半から禅の講座をやっていた。その後、残業がない日にこの禅の講座に通ってみた。面白かったので、いろんな講座に足を運んでいるうちに、「私の人生は本当に大事なことをやっているだろうか」「私の人生で本当に大事なのは、むしろ今この講座で勉強していることではないか」と思い始めたそうです。その結果、この方は四〇代で得度をしてお坊さんになったのです。

この方は、「寄り道」を大事にすることによって、人生にとって本当に大事なものと出会えたのです。

私たちの人生は、こんなふうに突然開かれていくものです。あなたの魂のミッションとか、人生の使命、運命の道というものは、毎日の一見シンプルに見える同じことの繰り返しの中で、突然姿を現します。あなたの意識を突然鷲掴《わしづか》みにして、あなたが本来歩むべき道へと強引に連れて行ってくれるのです。

▼こだわりたいことには、とことんこだわる（執着しぬくのが、大切）

一方で、こだわりたいことには、とことんこだわるというのも大事なことです。ものの本では（特に仏教系の本では）よく、執着しないこと、手放すことが大事だと言います。私も、寄り道が大事だ、計画にこだわらないことが大事だと述べてきました。

けれども、いつもこのようにしていたら大事なことを見失ってしまいます。こだわりたいときには徹底的にこだわらないと、魂の抜けた人生になってしまいます。私もカウンセリングを行う過程で、執着を下手に手放してしまったために、魂の抜けたような人生になってしまっている方に何度も出会ってきました。

「これは譲れない」と思えるものにはとことんこだわるという姿勢も、失ってはいけないものです。

私たちは、ときどき「これだけはどうしても譲れない」というものに出会うことがあります。私たちの魂は、そうしたものに宿るのだろうと思うのです。単純に損得で考えたら、物事にこだわると損になってしまうことが多いでしょう。例えば、頭で考えると、上司に逆らってても仕方がないことはわかっている。むしろ上司に逆らってもいいことはないこともわかっている。けれども、どうしてもこれだけはこだわりたいというものがある。「これは違うんじゃないですか。この会社は、こういう仕事はしないことを誇りにしていたのではないですか」と言いたくなることがある。「お前、頭堅いな」と言われてしまうようなことです。

頑《かたくな》さや頑固さは、しばしば柔軟性がないと言われて、低く評価されがちです。けれども、大人にならなきゃと思って流してしまうと、心が渇いてしまうことがあります。「青い」と言われてもいいから、これだけはこだわりたいということにはとことんこだわる。これだけは譲れないというところはとことん譲らない。こういう姿勢を保つことは、心が満たされた人生を生きるためには、とても大事なことです。言い換えれば執着ということは、自分の魂を大事に生きていく上ですごく重要な役割を果たすのです。「これだけは」と思うことにとことんこだわる。そうした「こだわり」の中に魂はしばしば顕現してくるのです。

ミンデルが、こういう例を紹介しています。ある子どもが不登校になった。すごく疲れた顔をしていたので、お母さんは「もう学校なんか行かなくていい。勉強もしなくていい。ゆっくり休んだほうがいいよ」と学校を休ませた。それで、その子もお母さんの言うとおりに休んでいた。でも、お子さんはどんどん無気力になっていく。休めば休むほど、無気力になるのです。

あるときミンデルがこのお子さんのカウンセリングをしていたら、その子は「僕は勉強したい」と言うんです。「とことん勉強したい」と言う。お母さんは「駄目よ、まだ休んでなきゃ。疲れているんだから」と言おうとした。するとこの子は、「僕は徹底的に勉強したいんだ。ママが駄目って言うからしなかったけど」と言い始めたんです。ミンデルが「よし、じゃあ、とことん勉強をやってご覧」と言うと、この子は寝る間も惜しんで勉強し始めたのです。勉強して、勉強して、勉強しぬいた。すると、すぽんと症状はなくなったのです。

私たちはストレスはよくないと考えがちです。けれどもこの考えが誤っていることもしばしばあります。ストレスを除こうとすることが、うつの原因になっているということもあります。むしろ、こだわりたいところにはとことんこだわる。やりたいことをとことんやる。そうすることで、ようやくうつから脱却できることもあるのです。

そういうことを私たちは忘れがちです。「自由に生きる」ということは、Let it go と手放すだけではありません。こだわりたいことにはとことんこだわるということが本当の意味での自由なのです。

職人もそうです。自分のこだわりたいことにとことんこだわる職人気質《かたぎ》の方がいます。そうすることで、はじめて心が満たされて自由になるのです。

こだわらないこと、手放すことだけが自由ではないのです。こだわりたいことにとことんこだわることを通して、真の自由は現れるのです。

▼心のスイッチを切り替える

ここでまとめて言うと、さまざまな意味で、心のスイッチを切り替えることができるということがとても重要です。今言ったように、とことんこだわるモードのときには、とことんこだわりぬく。さらさら流すモードのときにはさらさら流す。こんなふうに、心のスイッチを自在に切り替えることができると、心の自由度は格段に上がります。

あるいは、一人になって、自分の心の中に深く浸っていくようなゆったりした時間（私は「深層の時間」と呼んでいます）を持っているときには、思いきりゆったりとした時間の流れに身をまかせる。他者との協働モードに入ったら、心のスイッチを切り替えて、わっせわっせと一生懸命やる。心が本当に自由な人というのは、心のスイッチの切り替えが自由な人のことです。ひとり時間と共同時間、ひとり時間と世間時間のスイッチの切り替えが自由な人。こだわるモードとこだわらないモードのスイッチの切り替えが自由にできる人。こういう心のあり方を、この本を通して学んでいただきたいと思います。

第2章

現代人にとって孤独とは

▼「標準世帯」という幻想——二人に一人が独身である時代に向って

この章では現代人の「孤独」の現状を見ていきたいと思います。

二〇一五年の国勢調査によると、単身世帯が三四・五%と全体の三分の一を超え、「夫婦と子ども」で構成される世帯の数よりもすでに多くなっています。

「標準世帯」という考え方があります。夫婦二人が揃っていて、子どもが二人いるというモデルです。しかし、みなさんの周りを見てどうでしょうか。父親と母親がいて、子どもが二人という世帯がどれぐらいあるでしょうか。子どもがいるとしても一人っ子の世帯も多い。当然のことながら、未婚、晩婚、あるいは離婚している方も多いわけです。

国立社会保障・人口問題研究所の推計によれば、二〇三五年には一五歳以上の全人口に占める有配偶率は男五五・七%、女四九・三%と女性の有配偶率がはじめて五〇%を切ります。つまり、わずか一七年後には、日本人の二人に一人が独身になると予測されているのです。単身世帯も四割になると予測されています。

今やむしろ、一人で暮している世帯が「マジョリティ」です。多くの人が人生のある程度の期間を一人で生きる覚悟を決めないといけないという現実があるのです。

そんな時代にあって、旧態依然とした「標準世帯」という考えは、多くの人に劣等感を抱かせるだけのものになっています。私がカウンセリングをしていると、お子さんが一人っ子であることにコンプレックスを持っていて、相談に来られる方がいます。「うちは子どもが一人しかいないいんですが、おかしいでしょうか。私たちが死んだ後、この子はきょうだいがいないまま暮らすことになります。この子が不憫《ふびん》でなりません」とおっしゃるんです。しかし、現実には、きょうだいがいない子どもは非常に多いのです。

二〇〇五年のデータを見ても、半数を超える夫婦が二人の子どもを産んでいる一方で（五四・〇％）、子ども一人の夫婦も増加しています（一八・六％）。

こうした現実があるにもかかわらず、「横並び」「標準」が好きな日本人は、「普通であること」に非常にこだわります。「普通であることへのこだわり」が多くの日本人を縛っています。

▼「普通幻想」から自分を解き放て

夫婦二人に子どもが二人という標準世帯モデルを未だに「普通」と考えている方が多いようです。例えば子どもが一人でそうなっていない自分の家族を悲観し、これでは子どもがかわいそうだ、我が家は駄目なのではないかと自分を責めるのです。けれども現実には、子どもが二人いて、父親も母親も揃っているという世帯はそんなに多くありません。ですから、一人っ子であるからといって劣等感を抱く必要は全くないわけです。むしろ、「普通であること」にこだわるほうが異様です。「普通幻想」から自分を解き放てと私は言いたい。

孤独は私たちの人生を貧しくするのではないかと危惧《きぐ》したり、孤独死に怯《おび》えたりする人もいます。その背景には、「孤独に生き死んでいくのは普通ではないのではないか」という「普通への囚われ」があります。

現実には、すでに単身世帯がマジョリティなのに、孤独は惨めなことではないかと思ってしまうのは、ありもしない「普通」に囚われているからです。「私はこのままでは普通の人生を送れないのではないか」「普通の死に方ができないのではないか」とありもしない「普通」の幻影と自分を比較しながら自己否定に陥っています。私たちは自分をこの「普通幻想」から解放しなければなりません。

▼孤独に対するポジとネガが拮抗する現在

その一方で、一人で生きていくことはそんなに愚かなことでも、惨めなことでもないのではないかと考えている人たちもたしかに増えていることが窺《うかが》える、新たな現象も見られます。「普通幻想に囚われて生きるのは愚かなことだ。もっと一人を謳歌して生きよう。一人だったら気楽だし、のびのびできて、人に気を遣わずに生きることができる」というように孤独をよいことだと捉えているのです。

例えば、荒川和久『超ソロ社会』（ＰＨＰ新書）は、社会の個人化の流れは不可避なものであることを受け入れた上で、従来の家族や会社とは別の、新たな人とのつながりを構築しながら「ソロで生きる」生き方を提唱しています。

一方で、特に健康面の理由から、やはり孤独はよくないものだ、孤独のネガティブな面をもっと見るべきだ、と指摘する傾向も強まっています。

特に大きいのは、二〇一八年一月一七日にイギリス政府が、孤独が健康に甚大な影響を与えることから、「孤独担当相」が任命され、国家の喫緊の課題であるとしたことでしょう。実際、孤独の健康に対する否定的な影響に着目する研究は少なくなく、二〇一七年八月にジュリアン・ホルトランスタッド教授が米国心理学会で「世界中の多くの国々で、『孤独伝染病』が蔓延している」と警鐘をならしました。二〇一〇年のホルトランスタッド教授の調査によれば、「社会的なつながりを持つ人は、持たない人に比べて、早期死のリスクが五〇％

低下する」とのこと。孤独のリスクは、①一日タバコ一五本吸うことに匹敵し、②アルコール依存症であることに匹敵し、③運動をしないことよりも高く、④肥満の二倍高い。

この「孤独の健康面への影響」は日本でも無視できるものではなく、二〇一六年人口動態調査データをもとに荒川和久が行った分析によると、とりわけそれは「離別男性」に顕著です。驚くことに、ほぼすべての死亡原因について、離別男性の病気罹患による死亡率が高く、特に糖尿病に至っては、妻のいる男性の一二倍、肝疾患も九倍近く高いと指摘されています。こうした現象は女性には見られないとのこと。そして、このようにして慢性的な孤独が日本の特に男性の心身を蝕《むしば》んでいることにもっと目を向けるべきだと強く唱える論者もいます（岡本純子『世界一孤独な日本のオジサン』角川新書）。

これらを孤独ネガティブ現象と呼ぶとしましょう。現在は、孤独についてのポジティブとネガティブの二つの見方が、拮抗し合っている状態だと言えるでしょう。

孤独についてのポジとネガが拮抗する中で、日本人は今、新たな生き方を模索しています。日本人は今、一人で生きる、という生き方について、どういう捉え方をし、どういうスタンスでいればいいのか、迷いの中にあると言っていいのではないでしょうか。

▼孤独にまつわるポジティブな現象――「ぼっち席」の三つの肯定的な意味

孤独に対するポジティブな現象にはどのようなものがあるか、見ていきましょう。新たな文化というのは、多くの場合、若者から生まれてくるものです。代表的な例が、いわゆる〝ぼっち〟（一人ぼっち）についてのポジティブな捉え方が浸透しつつあることです。例えば、大学の学生食堂に、「ぼっち席」というものが設けられたことが話題になりました。簡単に言うと、一人で食べる人のための席ですね。

日本で最も早くぼっち席が設けられたのは京都大学だそうです。その後、いろいろな大学の学食が「ぼっち席」を設置するようになりました。大東文化大、神戸大、東工大などです。

私が勤めている明治大学でも、事実上「ぼっち席」とみなしてもおかしくない席が、すでに二〇年ぐらい前からあります。リバティタワーという、学部の三、四年生が通う校舎がお茶の水にあります。このビルの一七階に学生食堂があるんです。そこに、窓の外の風景を見ながら食べられるカウンター席があるのですが、それが結果的に、「ぼっち席」になっています。

「ぼっち席」に対する否定派の考え方は次のようなものです。

大学生というのは、本来、仲間とわいわいやるものではないか。仲間とご飯を食べながらさまざまな会話をして友達を増やし、仲間と熱く語り合うのが学生ではないか。特に六〇代、七〇代の方が、自分たちが学生だった頃の旧来の考え方に囚われて、如何《いかが》なものかと言って異議を唱えるのです。

私は「ぼっち席」には次の三つの点で肯定的な意味があると考えています。一つは、大学生の退学予防、不登校予防です。現実として、友達ができない学生は当然ながらいます。そういう学生が、ちょうどゴールデンウィークが終わった頃から大学に来なくなってしまう。その原因の一つは、昼ご飯を一人で食べるのをつらく感じてしまうことです。

「誰も一緒にご飯を食べてくれない人間は惨めだ」「友達がいない人間は価値が低い」という思い込みが、なぜか学生の中にもみられます。それで一緒にご飯を食べる友達がいないと、なんとなく学校に居にくい。それで不登校になって、結果的に退学になる。あるいは退学まで行かなくても、単位が取れずに留年する。これは大学にとっても学生にとってもよくないことです。

友達ができないことが理由で大学に通いにくくなるのなら、友達ができない学生でも安心して通えるように環境を整えればよいということになります。学食に「ぼっち席」を設けることで、安心して一人で昼食をとることができ不登校にならずにすむ学生が一人でもいるならば、「ぼっち席」には意味があると思います。

大学の授業でも〝一人〟でいる学生は目立ちます。人間関係づくりが苦手な学生が、大教室の授業で一番前にぽつんと座っていることがあります。真面目で友達がいない学生は、一人で前のほうにぽつんと座っていることが多いものです。誰とも関わらないですむように。それでいいと思うのです。そういう子は、友達をつくらずに一人で真面目に授業を受けるという形で大学生活を過ごしてもいい。そのとき、その一人でいる学生は、結構豊かな内容のことをいろいろ考えていたりします。こういうときに内面的に成長するのはよくあることです。

そういう学生にとって、「ぼっち席」は安心できる、貴重な居場所です。それがあると、友達ができない学生は、自己否定せずにすむ。自分は一人でいていいんだ。それを認めてもらえているんだと思えるようになります。だから私は、「ぼっち席」は価値があるものだと評価したのです。

私が「ぼっち席」を肯定する二つ目の理由は、一人でじっくり考えるということが大学生の大きな課題だと思っているからです。友達づくりも大事ですけれども、自分の考えを持つようになることはさらに重要です。いつも他人とわいわいがやがややっていると、自分独自のオリジナルな考えはなかなか育ちにくくなります。

エリーズ・ボールディングは、「人間にはひとりでいるときにしか起こらないある種の内面的成長がある」と言っています（『子どもが孤独《ひとり》でいる時間《とき》』松岡享子訳）。

子どもは生活のどこかで孤独でいる時間を必要としていると言うのです。一人でボーッとしている時間が、子どもの心の成長には必要であり、人間には、一人でいるときにしか起こらないある種の内面的な成長があると言うのです。

外界の刺激から自分を引き離して、一人で、自分と対話する時間を持つこと。空想し、想像力を鍛える時間を持つこと。人間の内面的成長にはそれが不可欠です。現代は、ツイッター、ＬＩＮＥなどのＳＮＳをはじめとしたさまざまな刺激にあふれている時代です。ＳＮＳで友達と交流し続け、承認欲求を満たそうと「いいね」が欲しくて躍起になったり、友達づくりに腐心するということもあるでしょう。

しかし、内面的な成長のためには、そうした外的な刺激から離れて、自由に想像力をめぐらせ、自分のクリエイティビティを発達させる時間が必要なのです。

エリーズ・ボールディングは子ども時代のことについて言っているわけですが、大学生にも十分同じことが言えると思います。一人でボーッとすることによって、さまざまなイマジネーションが働く。それが想像力です。そうすることによって、クリエイティビティが鍛えられていくのです。

大学時代こそ自由に想像の翼を伸ばすべきときです。妄想もどきでいいんです。非常識なことだっていい。そうした妄想をふくらませる中で、クリエイティビティが生まれてくるのです。

社会人になったら売上にこだわったり、上司の意向を気にしたりしなければなりません。しかし大学生の時期は、そういうことに全く囚われずに自由にものを考えていい貴重なときです。この時期にいつも友達と一緒にいて、「そうだよね」「私もそう思う」などと互いに同意しながら、人並みの思考しかできない人間になってしまうのは、もったいないことだと思います。だからこそ「ぼっち」でいることには、とても重要な価値があると思います。

私が「ぼっち」に肯定的な意味があると思う三つ目の理由は、多様性が認められる社会になっていくべきだと思うからです。かつての時代と比べて、大学生のあり方も多様性が認められてきました。「大学生らしさ」に囚われなくてよくなってきたのです。これはとてもいいことです。「ぼっち」が認められるようになってきたのもその一つの表れです。「一人でいてどこが悪い。一人で真剣に授業を受けたいんだ。友達なんかできなくてもいい」といったタイプの大学生が、見るからに増えています。授業で、一人でぽつんと座っているような学生ですね。

私は今五五歳で、大学生だったのは一九八〇年代のことですが、当時はピアプレッシャー（同調圧力）が非常に強い時代でした。一人でいるということは価値が低いこと、友達ができないのは惨めで愚かなことという考え方が支配的でした。それを避けるために多くの学生が無理にでも友達の輪の中に入ろうとしました。仲間の中に自分を紛らせていたわけです。けれども、友達の輪の中に入ることでいつも幸福だったかというと、少なくとも私は結構面倒臭かったです。いつも友達と一緒につるんで、相づちを打ったり、同調したりしなきゃいけない。一人でやりたいことがあるのに、それをする時間を奪われる。結構煩《わずら》わしいけれど、友達がいないと思われるのも惨め。それで仕方なく友達の輪の中に紛れ込んでいたというのが、多くの人の現実だったと思うのです。

今は、そのような同調圧力がかなり弱まってきました。同調圧力から解き放たれて、多様性を享受できるようになってきた。

「ぼっち席」はいわばその象徴だと言えるのです。

今の大学生は、さまざまな形で「ぼっち」を楽しんでいます。一週間の間、一人でさまざまな神社を訪れて、その姿を自分で動画を撮ってきた学生がいました。一人で二日間ディズニーランドに通い続けたらどういう気持ちになるか実際に体験してみた学生もいました。

「ぼっちでいてどこが悪いんだ」「ぼっちでも十分楽しめる」と感じている若者は少なくありません。友達と一緒にいたら、どのお店に入るかでも気を遣わなければいけないけれども、一人だったら、自分が入りたいお店にふっと入ることができる。何の気兼ねもいらないのがとてもいいと言うのです。

▼恋愛をしない若者が増えた理由

さらに、恋愛をしない若者が増えています。

今の四〇代が学生の頃は、大学生の七割に彼氏彼女がいたのが、今は逆転して、彼氏彼女がいるのは三割。七割はいない状態に変わりました（牛窪恵著『恋愛しない若者たち』ディスカヴァー携書）。

七割が彼氏彼女がいた時代はこれが「ピアプレッシャー」、同調圧力となっていました。

彼氏彼女がいない大学生は、人間として惨めなことではないかというプレッシャーがたえずあったのです。

あるとき、僕がいた四人の友人グループのうち三人に彼女ができて、僕だけに彼女がいない時期がありました。このときは辛かった。なかなか友達に時間をつくってもらえないからです。僕は筑波大学の学生だったのですが、当時はまだつくばエクスプレスは開通していなくて、筑波は陸の孤島でした。ですから、同棲率が日本一高い大学だったのです。終電もなく、彼女の家に行ったら、朝までいるのが当たり前。こうなってくると、彼女ができると、二人でいつもべたっとしている。友達と遊ぶには、交渉して、何とか時間をつくってもらわないといけない。非常に惨めでした。

このように、当時の学生は、彼氏彼女がいないとき、劣等感を強く持たざるを得なかった。けれども、では彼氏彼女がいるときは幸福だったかというと、意外と面倒臭かった。異性に気を遣うぐらいだったら、本当は一人でいろいろしたいこともあるのにと思いながら交際していた人も随分いたと思います。ピアプレッシャー、同調圧力にさらされて彼氏彼女をつくり、仕方なくなんとか粘っていたというのが実像だったと思います。

でも今は、多様性が認められた社会です。今は、彼氏彼女がいる大学生が三割と少数派です。

授業でも「異性に全く関心がない人、つき合いたいと思わない人、いますか？」とたずねると、結構な数の学生が「はい」と手を挙げます。「どうして？」とたずねると、「面倒臭いから」。今の大学生は、「面倒臭い」という言葉を連発します。

例えば性的な興奮を覚えたいのなら、いくらでも動画が見られる時代です。ＶＲなんてものも出てきて、リアル感も味わえる。性的な快感を得るだけのためなら、そちらのほうがコスパはいい。交際をするとなると、ものすごく気を遣って自分の自由を奪われます。

ネット、ゲーム、ＹｏｕＴｕｂｅ、ＤＶＤなど、一人でもエンジョイできる娯楽のツールがかつてに比べて格段に増えたことも、恋愛する若者が少なくなったことの一因です。八〇年代や九〇年代は、一人で楽しむことができる気晴らしの手段が限られていました。だからこそ恋愛ぐらいしないと暇をもてあまし、惨めな気分になるという雰囲気がありました。けれど今は、一人でいても時間をもてあますということがほとんどありません。その結果、彼氏彼女をつくらない、恋愛しない若者が増えたのではないか、という考えがあります。私も全く賛成です。

恋愛は、コスパが悪いのです。楽しい人生を送ることを考えた場合、「恋愛はコスパが悪いからしない」というのが今の若者たちの考えで、ある種、自然なことだと思います。

▼成熟している社会とは、多様性を認める社会のこと

恋愛する若者が減った理由の一つとして、先ほど述べたように同調圧力が低下したことが考えられます。つまりかつての学生が、心から彼氏彼女が欲しかったかというと、そうでもなかったのではないか。なんとなく、「大学生だったら普通は彼氏彼女くらい、いるものではないか」と思って、交際相手をつくっていたのではないか。まさに、「普通幻想」への囚われです。

今、社会が多様化してきたことで、「普通」への囚われがだいぶ希薄になってきました。「恋愛をしない大学生がいてもいい」と捉えられるようになってきた。これは、とても健全なことです。

なぜなら、多様性が認められることこそが、成熟した社会の要件だと考えられるからです。「大学生だったら、恋愛くらいしていないといけない」というのは、非常に硬直した未熟な考え方です。そうした未熟で一面的な考え方から脱却することが、社会が成熟するということです。

私の学生時代と今の学生を比較すると、もう一つ興味深い変化が見受けられます。それは、性的なことに関心を持たない大学生が増えてきていることです。厚生労働省の研究班が行った、一〇代後半の男性に、性的なことへの関心についてたずねた調査があります。一〇代後半、つまり、高校生から大学一年生の若者に「異性の身体に関心があるか」とたずねたところ、「全く関心がないか、嫌悪感がある」と答えた学生が、なんと三分の一以上もいたのです。

さらに、セックスに関心がない・嫌悪していると回答した人は、男性一八％、女性四八％で、二〇〇八年の調査より男性は七ポイント、女性は一一ポイント増えています。年代別だと一六～一九歳で最も多く、男性三六％（前回調査で一八％）、女性で五九％（同四七％）です。

私は、これも多様性が育ちつつあることの証左だと捉えていますが、ただ、自分の一〇代後半のことを考えたら、これは信じがたい調査結果です。私が若い頃、高校生とか大学の一、二年生のときは、エロで頭の中がいっぱいでした。例えばバスの中で日当たりのいい席に座っていて、今日は暖かいなと思って、もわもわとした気分になったらそれだけでもう勃起している……というのが日常でした。朝から晩まで女性に関する妄想の中で生きているというのが、今の五〇代男性の、一〇代後半のときの姿でした。

一〇代後半の男性に性的関心がないとは、これはもう、もしかすると、生物学的に何か変化が起きているのではないかとも考えてしまいます。何しろ、一〇代後半の男性の三人に一人が、異性の身体に全く関心がないか、むしろ嫌悪感があると答えているのですから。ここまで多様性が進んでいるのかと驚かざるを得ません。

「生物学的な変化」といえば、この四〇年間で、欧米男性の精子の濃度が六割減になっているという研究結果もあります。

このことが性的関心の希薄化と何か関係があるのか、それとも全く関係がないのかはわかりませんが、興味深いデータでしたのでここに挙げておきます。

先述しましたが、未成熟な文化とは、多様性を認めない文化のことです。多様性を認めず、みなが「普通」にこだわる均質化された文化は、未成熟な文化です。かつての日本はそうでした。「普通」であることに囚われ、同調圧力に絶えず怯えながら生きていました。

一人で学食でご飯を食べても恥ずかしくない。

友達がいなくてもかまわない。

一人でも人生は楽しめる。

若いからといって、恋愛しなくてもかまわない。

童貞オッケー。

中高年オタクも、もちろんあり。

これらはいずれも、日本人が「普通」であることの囚われから解放され、多様性を許容し始めたことのよい例であると思われます。

そして、そういう固定観念から解放された人は、メンタルも健康で生きやすい。裏を返せば、「普通」であることに囚われ、怯えている人がうつ病になりやすいのです。周りからどう見られるんだろうと怯えて、他者の視線が気になる人は、心が不健康になりがちなのです。

▼多様化する結婚の形

結婚の形そのものも多様化しています。生涯独身の人が増え、未婚率が上昇しているだけではありません。「週末婚」を選ぶ人、一緒に暮らしても籍は入れない事実婚を選ぶ人も増えています。

『「年の差婚」の正体』（諸富祥彦・牛窪恵共著、扶桑社新書）で書いたことですが、二〇歳以上年の差があるカップルが、恋愛をして結婚するというケースも増えています。しかも男性が年上とは限らず、女性が年上のカップルもかなり増えつつあります。一〇歳以上女性のほうが年上というカップルも、ごく普通のことになってきました。

芸能人対象のある調査によると、離婚率が最も低いのは「男性が一二歳年上の夫婦」と「女性が二歳半年上の夫婦」、逆に離婚率が最も高いのは、意外にも「男性が五歳年上の夫婦」でした。これは、一般に、女性のほうが男性よりも、精神的に一〇歳程上であり、そのため、「五歳男性が年上」の夫婦は、夫の人間としての未熟さに妻が落胆して別れに至るケースが多いためだと考えられます。

LGBT、レズビアン（女性同性愛者）、ゲイ（男性同性愛者）、バイセクシュアル（両性愛者）、トランスジェンダー（出生時に診断された性と、自認する性の不一致）のカップルも増えています。渋谷区が同性愛のカップルに「パートナーシップ証明書」を交付していますが、いずれ日本全国で認められることになると思います。逆に認められなかったら日本は文化がそれだけ成熟していないということでしょう。

このように多様な形の結婚を認められるようになりつつあることは、日本がようやく成熟社会に向かいつつあることの証《あかし》として、評価できるのではないでしょうか。

▼一人でいることへのネガティブな反応

孤独に対するネガティブな論調の最たるものは、先述した健康面の否定的影響に着目したものです。社会的つながりを持たずに一人で孤立した生活を送る人は、早期死亡リスクが高くなることが注目されています。イギリスで「孤独担当相」が任命されたことから、こうした取り組みは世界的な潮流となっていくでしょう。特に日本では、離別した中高年の独身男性の社会的孤立を防ぐ取り組みが喫緊の課題であると言えるでしょう。

しかし、一人でいること、孤独であることについての、取り除くべき非合理的な偏見がまだ至るところに存在し、それが個人の自由を圧迫し余計な苦しみを生み出していることも確かでしょう。特に地方では、まだまだ、結婚していない人への風当たりは強い。特にアラサー、アラフォーの女性は、どんなに仕事ができても、結婚せず、子どもを産んでいない人は「負け犬」であるという風潮が根強くあります。

子どもの問題に目を転じれば、不登校になった子どもが不登校のまま自分を受け入れるのは、まだなお、ハードルが高いです。自分で自分を否定してしまう。学校に行っていないと、友達からどう見られるかわからない。サボってるんじゃないかと思われる。だから、余計学校に行きづらくなる――。こんな悪循環に陥っている子どもがたくさんいます。

それでも、かつてに比べたら、だいぶまともになってきてはいます。

かつては、不登校のことを「登校拒否」と呼び、さらにその前は、「学校恐怖症」と呼んでいました。学校恐怖症というのは如何《いか》にも病気という響きのある言葉です。症状と言われているわけですから。今では不登校であることを病気として捉える人はいません。九〇年代に、「不登校は誰にでも起こりうる」と文部省（現・文科省）が主張したあたりから、不登校になることは、決して「特別なことではない」と考えられるようになりました。

けれども、文科省はそういう見解でも、当の子どもや親のほうはまだまだ苦しんでいます。学校に行かないことは世間様に恥ずかしいことだと思っている当事者は少なくありません。これは一人でいることへのネガティブな現象の一つだと思います。

また、学校に行っている子どもたちの間にも、「友達ができないのは惨めな奴だ」という考え方が根強く残っています。一番それが強いのが、小学校高学年から中学生の時期です。友達ができないと人間として価値が低いという囚われに苦しんでしまうのです。

ある中学生がこう言いました。「先生、友達ができないのはそんなに駄目なことですか。そんなに人間として惨めなことでしょうか」。

その子は、「友達に話を合わせてわいわいやってるときは、実は結構つまらない。一人で本を読んだりしているほうがよほど充実した時間が過ごせる」と言いました。この子は、本を読むこととか、絵を描いたり、文章を書いたりすることが大好きなのです。

「友達とわいわいやって、周りに意見を合わせて、そうだよねと言っている自分も嫌いなわけではないです。だけど、正直、時間がもったいないと思う。でも学校の先生やお母さん、お父さんは、友達をつくりなさいと言う。クラスに行きたくないって言ったら、クラスのみんなと仲良くなることが一番大事なことだと親や先生は言うんです。本当にそうなんですか？　友達ができないということは、人間として価値が低いことなんですか？」

私は思わず、「それでいいと思う。友達なんかできなくていいと思う」と答えました。一人の人間と人間の対話として、肯定せざるを得ないような迫力を感じたからです。ここには真実があると思います。

▼孤独を選び直したとき、意味の転換が生じる

「友達をつくりたいけどできない」「一人になってしまう」「だから学校に行きたくない」というのは、本人がそうしたいわけではないのにそうした状態に追い込まれてしまう「非選択

的で受動的な孤独＝社会的孤立」です。それが、この子のように「でも私は一人でいいと思う」「一人でいても、否、一人でいるほうがより充実した時間を過ごすことができる」と捉え直すと、同じ一人でいる状態が「自ら主体的に選択された孤独」「改めて、選び直された孤独」としての意味を持ってきます。ここで、この子にとっての「孤独の意味」は一八〇度転換するのです。

この子が苦しまざるを得ないのは、まだまだ日本の親の間には、友達をつくるのはいいことだ、教室でみんなでわいわいやることが健全な子どもの姿なんだという認識があるためです。「普通」への囚われです。この同調圧力で、今も非常に多くの子どもが苦しんでいます。「ともだちひゃくにんできるかな」という歌詞があります。「一年生になったら」（作詞：まどみちお　作曲：山本直純）という歌です。

私はこの歌は、非常に病的な歌だと思います。小学校に入ったら友達一〇〇人つくろうということは、広く浅く、誰とでも愛想よく過ごせということです。

友達一〇〇人なんかつくらなくていいのです。そもそも、友達一〇〇人なんてできません。いりません。子どもにも、友達一〇〇人なんてつくらなくていいんだということを、明確に親が言ってあげる必要があると思います。そうしないと、「友達一〇〇人できるかな」

文化の中で、友達がたくさんできない自分は惨めで価値の低い人間なんだと思わせてしまう可能性があります。

▼ＬＩＮＥの同調圧力

同調圧力に関していえば、ＬＩＮＥによって苦しんでいる日本の子どもはすごく多いんです。ＬＩＮＥ登場以前の時代であれば子どもたちは、学校にいる間は、本当は友達と一緒にいたくないときでも友達と一緒にいなくてはならず、周りと調子を合わせなければならなかったけれども、学校から帰ったら、同調圧力から一挙に解放されていたんです。

しかし、ＬＩＮＥ登場後は絶えず同調圧力にさらされ続けるようになりました。ＬＩＮＥが、子どもたちの友人関係、私生活の質を大きく変質させました。三六五日二四時間、友達との関係に気を遣い続けなくてはならず、「逃げ場」を失わせてしまったのです。人間関係が苦手な子にとって、これは相当にきつい事態です。

今、未成年者全体の七三・九％がＬＩＮＥを使っており、中学生の利用率は八〇％前後、高校生では九五％前後もあるそうです。

あるお母さんは、子どもがお風呂にもスマホを持っていくと言って嘆いていました。「三分の原則」というものがあります。三分以内にＬＩＮＥの返事をしなかったら仲間外れにされるのです。だから、寝室でもお風呂でもスマホを手放すことができなくなる。寝るときも枕元にスマホを置き、ＬＩＮＥが来たらいつでも起きて返事ができるようにしている。ＬＩＮＥ中心の生活です。これが、子どもたちの生活全般を劣化させています。非常にまずいことです。

そして、ＬＩＮＥ外しやＬＩＮＥで悪口を言われることに、たえず怯えながら生きている。私はスクールカウンセラーとして、中学生へのカウンセリングも行っているのですが、子どもが不登校になる原因の半分は、ＬＩＮＥです。ＬＩＮＥ外しやＬＩＮＥでの悪口で傷ついた、だからもう学校へ行きたくないとなってしまう子が、とても多いのです。

スマホに依存状態になってしまうことは、学力にも明らかな影響が出ます。九州大学の横田晋務《すすむ》助教が行った調査によると、「例えば算数・数学の勉強時間が二時間以上でスマホ使用が四時間以上の子どもの正答率が五五％なのに対し、勉強時間が三〇分未満でスマホを全く使用しない場合の正答率は六〇％。スマホの利用時間が長い子は家庭で平日に二時間以上勉強している子であっても、ほとんど勉強していない子より成績が悪い」という結果が見られたのです。

スマホ依存症になると、当然睡眠時間が短くなります。毎日、寝る直前までスマホをやっている。さらに寝るときもスマホを枕元に置き、着信をたえず気にしているため熟睡できない。その結果、睡眠の質が下がり、うつになりやすくなる。また熟睡できていないので、学校生活の集中度も落ちてきます。

スマホに生活を支配されることで、日本の子どもの生活の質自体の劣化という深刻な事態が生じているといっても過言ではないのです。

久里浜医療センターという、依存症を対象とした治療を扱う病院があります。ここに、ネット依存、ゲーム依存、スマホ依存、ＩＴ依存などで苦しむ人を治療するネット依存治療部門があります。つまり、スマホ依存というのは、アルコール依存と同様の「依存症」であり、病気なのです。その刺激に自分をさらしていないと落ち着かなくなる。禁断症状が出るのです。

これは、家庭内暴力の増加にもつながっています。子どもがあまりにもスマホ、ゲームばっかりやっていて勉強しないと親が怒って、スマホ、ゲームを取り上げ始めます。けれども子どものほうはもう依存症になっていますから、取り上げると禁断症状が出ます。まず、震え始める。いてもたってもいられなくなって、親に返せと怒鳴る。親は返さない。挙げ句の果てに、親をぶん殴ってしまう子どもが増えているのです。これがエスカレートすると、親子関係に完全な亀裂が走るわけです。一生続く親子の遺恨がここで生まれてしまう。スマホとゲームによって日本の親子関係が分断されているのです。

親御さんに真剣に考えてほしいのは、本当にスマホを与えていいのかどうか、ということです。ある女子高生はスマホは持っていますが、未だにＬＩＮＥはやっていません。「友達を見ていたら、ＬＩＮＥをやったら人生終わるなと思った。あんなことのために私、人生の多くの時間とエネルギーを使いたくない」と思ったからだそうです。そう思えたのは彼女が「仲良くなれる子とだけ仲良くなればいい。みんなと仲良くやっていく必要なんかないと思ったから、ＬＩＮＥはしない」と決めることができたからです。これはとても賢明な判断だったと思います。

このように、ＬＩＮＥによって子どもたちの生活は追い込まれていますが、二〇一七年、長野県教育委員会は、ＬＩＮＥ社からの提案で、「ＬＩＮＥによるいじめ、自殺相談」を始めています。すると、一年間の電話相談件数の二倍以上の相談をわずか二週間で受けたそうです。

ＬＩＮＥは子どもたちの生活にとってあまりに身近なものであるからこそ、両刃《もろは》の剣《つるぎ》となりうるのです。

▼ネットで誰かを叩く行為

今ご存知のように、ネットで誰かを叩く現象が非常に流行しています。芸能人や政治家の不倫叩きには飽き飽きさせられるほどです。芸能人や政治家といえども、恋愛なんてパーソナルなことです。放っておけばいいのに、と多くの人が思っているのではないでしょうか。けれども、叩くことで快感を得る人が非常に多い。こうした異常な事態を見ていると、「日本社会の未熟の極み」を見せつけられている思いがします。

他人の不倫を許さないというのは、減点主義の文化です。つまり、普通でない、人並みでないことをやると叩かれる文化です。ネットで誰かを叩くという文化は、まさに日本人の古い価値観の表れではないでしょうか。

また、自分が不自由で不幸だからこそ、自由で幸せそうな人を許せない。そんな「嫉妬《しっと》の文化」の象徴でもあります。いまわしい。

そして、そうしたバッシングに対して、正面から反論する人があまりいない。逆に自分がすごく叩かれてしまうのが怖いから言わない。「なんだ、この不倫叩きは。気持ち悪い」と言いたい人はたくさんいると思う。でも言ってしまったら、今度は自分が叩かれるのが怖い。結局、この現象は全然止まらない。早く終わってほしいと本当に思いますが、おそらくなかなかなくならないでしょう。

「何かやったらネットで叩かれるかもしれない」と、ますます人目を気にして生きるようになる。日本人の対人恐怖の文化、視線恐怖の文化がこれで強化されてしまうわけです。これが人の目を気にする「普通」志向の文化です。つまり、人からどう見られるかをものすごく気にする。日本社会で、最近せっかく多様性が認められるようになってきたのにその一方では、多様性を潰す均一化の圧力も、ネットによって大変な勢いで増強されていると思います。

▼日本の文化の曲がり角

何度か述べてきましたが、私は多様性を認める文化こそが成熟した文化であり、多様性を認めない文化は未成熟な文化であると考えています。

例えば、フランスは本当に多様性を認める国です。フランスでは、入籍しない状態でパートナーと暮らすのはごく当たり前のことです。むしろ何らかの事情があったときに初めて入籍するという人が多い。フランス人を見て、大人の社会だな、成熟した文化だなと思って羨《うらや》ましくなる日本人は少なくないでしょう。

一方、日本では、ちょっと人と違うことをするとすぐ叩かれるという文化がまだまだ根強い。これはやはり日本の文化がなお未成熟であることの証だと思うんです。

今、日本の文化がどういう地点にあるかというと、多様性を認めるか認めないか、両者がまさに拮抗している分岐点にあるのではないかと思います。一人でいることを認める。これは言い換えると、多様性を認める文化だと思うんです。逆に、孤独であることをネガティブにしか見ない圧力もある。多様性を認めない。これは「普通」志向、均一志向であることを認める文化です。

未婚化、晩婚化が進み、結婚をしようとしまいと自由だと考える風潮が生まれている一方で、普通から外れたら叩くぞという文化がある。この二つの文化の中で、日本人はまさにせめぎ合っています。あるいは男性の育児休暇もその典型例かもしれません。育休をとって何が悪いという文化と、会社で浮いてしまうようなことはしたくないという考え方が拮抗し合っています。

▼孤独であることは、個性的であること、多様性を生きること

読者の方には、是非多様性を選び取ってほしいと思います。孤独であること、一人であることを選ぶ。これは言葉を変えて言うと個性的であること、多様性を生きることを選ぶ、ということです。日本社会がより成熟するためには、読者の方一人一人が自分らしい生き方を自ら選び取っていく必要があります。そしてそういう生き方を、是非ネットでも発信していってほしいと思います。「一人でいてどこが悪い」というメッセージは、単なる開き直りではないのです。これは、「人間は多様であってよいのだ」という肯定的なメッセージでもあるのです。

ある種の声が一定数集まると、一気にトレンドは変わっていきます。ですから、もっと多様性を、もっと個性を、もっと自由な生き方を、というように、声をどんどん上げていくべきです。ある種の意識の集合的な流れが一つにつながっていくと、文化全体が変容していきます。

第3章

「一人」を生きる能力

▼未婚と独身が当たり前の時代に必要な能力

本章では、これからますます必要になる、「一人を生きる能力」について考えてみたいと思います。

一人を生きていくのには、三つの様態があります。一つは、未婚のまま生きる。二つ目が、結婚したけれども、離婚・死別した後、独身で生きる。三つ目に、結婚するけれども、一人一人の生き方を尊重し合う生き方をする。この三つの様態において、それぞれ「一人で生きる能力」が問われています。つまり、結婚しているいないにかかわらず、「一人をどうやって生きるか」「一人を、充実して生きる能力」は、ますます重要になってくるのです。

一つ目と二つ目の、未婚と独身の増加については先にデータを示しました。「夫婦二人と子ども二人」が標準世帯モデルという考え方は、すでに、ほとんど絵空事と化しています。今や、一人暮らし世帯は一六七八万世帯で、約三二・四%とマジョリティになっているんですね。

また別の調査によると、二〇三〇年には、男性の生涯未婚率は、二九・五%、女性は、二二・五%になると予測されています。おおざっぱに言うと、今三〇代の男性の三人に一人は、人生で一回も結婚しないと予測されているわけです。「未婚＝当然時代」が間もなくやってくるのです。

すでに東京都の男性では二六・〇六％が生涯未婚です。

三割の生涯未婚率に離婚率の増加もふまえて考えると、今三〇歳の人が五〇歳になったときの独身の割合は、おそらく五割を上回っているだろうと推測できます。六割近くいっていても全く不思議ではありません。つまり、五〇歳時点で過半数が独身の時代が、もうすぐそこにやってきているのです。

このように考えると、「一人暮らしのままでは幸福になれない」という構えでいたら、それは人生であまりにも大きなリスクを抱え込むことになると言わざるを得ません。「一人でいても人生は楽しむことができる」という構えを持っていないと、相当悲惨な人生になるかもしれない。結婚しなければ不幸だという構えでいたら、半分以上の男性は不幸にならざるを得ないわけです。結婚できなくても、離婚しても、自分は「一人を満喫できる」という構えが、これからの時代には必要になってくるのです。

『未婚当然時代』（ポプラ新書）の著者のにらさわあきこさんも、このまま未婚化が進んでいったら、この国はもしかしたら人口の半分近くが未婚者という時代がやってくるのではないかと指摘されています。

▼結婚願望を持たない若者たち

にらさわさんの指摘を裏付けるような調査結果もあります。

「このまま独身でいたいと思ったことがありますか」とマイナビニュース会員の独身男性二五〇名に質問したところ（二〇一六年四月一二日マイナビニュース）、「ある」と答えた男性が七二・四％、「ない」が二七・六％。七二％の独身男性が「このまま独身でいたいと思ったことがある」と答えているのです。

理由としては、やはり「自由であること」が挙げられています。「自分の好きなことが自由にできる。家庭を持つとそんな暮らしができないおそれがあるから」（四六歳、電子関連）「自分のリズムで生活できるから」（二三歳、官公庁勤務）「ときどきパートナーが欲しいと思うこともあるが、やはり自由に時間が使えて、気を使うこともないし、気楽でいい」（五二歳の医療福祉）……。こういうふうに、自由に時間を使えることを重要視している人が断トツで多い。そのほかの理由としては「経済的な理由」とか、「周りの既婚者を見て」といったことも挙げられています。こういった理由から、もうすでに七割以上の人が生涯独身も〇

Kだと考えているのです。「自由な時間とお金を失いたくない」という意見が圧倒的に多いのです。

ちなみにマイナビニュースでは、二〇一三年にも同じ調査をしていますが、そのときは「一生独身でいてもいい」と考えたことがある男性は五三％でした。それが今回二〇一六年には七二・四％と、たった三年間で大幅に増えているのです。

では女性はどうでしょうか。女性二五〇名を対象にこのまま独身でいたいと思うことはあるかと調査したところ、男性ほどではありませんが、「ある」が、五六・八％、「ない」は、四三・二％。女性であっても、ずっと独身でいたいと思うことがある人が過半数を超えています。理由も、やはり「自由」を求めるものが多い。「自分のやりたいことを自由にできるし、気を使いながら生活しないですむから」（二三歳、医療福祉関係）「何にも縛られずに、好きなようにお金や時間を使えるから」（二七歳、医療用機器関連）。そのほかには、「結婚して時間のなくなった友人を見て」「一緒に暮すよりも、たまに会う関係がいいと思う」「結婚となると、当人たちだけでなく、家族や親戚の問題もあって面倒だから」といった理由が挙がっています。

逆に結婚したいと思う理由としては、「子どもが欲しい」が挙げられています。「一人で老後を迎えるのは寂しい」という理由もみられます。なお、二〇一三年段階では、女性は四三％が「このまま独身でいいと思ったことがある」と答えているのですが、三年後の今回では五六・八％です。女性のほうもかなり急激に、「このまま独身でいたいと思ったことがある」人が増えているわけです。

▼大規模調査「シングルで幸せになれるのか」

「シングルで幸せになれるのか」という調査もあります。ニュージーランドの住民四〇〇〇人以上を対象にした二二年間に及ぶ大規模な追跡調査です。意見の不一致や衝突を避けるタイプの人を「回避型」、親密さを強化してパートナーと共に成長することで関係を維持しようとするタイプを「接近型」と分類しています。そうすると、意見の不一致や衝突を避ける「回避型」の人は、シングルであっても、カップルであっても、幸せだということがわかったのです。以前の研究では、シングルの人はカップルよりも満足度の低い生活になりがちだったり、身体的精神的な健康が保てないと考えられてきました。けれども、対人関係の持ち方のタイプによってはシングルでも十分に幸せになることができることがわかったのです。

またこの調査では、結婚しようとしまいと、幸せになるポイントは、「他者に求めすぎないこと」である、という重要な示唆がされています。

またこの記事によると、アメリカではシングルの人が増え続けています。理由は、高い離婚率やキャリアを追い求めるために晩婚になるなどさまざまです。今やシングルの人の割合は、既婚者の数を上回っていて、アメリカの成人人口の五一％にあたる一億二八〇〇万人がシングルだということです。

二〇〇六年、「ポジティブ心理学」の研究者として著名なプリンストン大学のダニエル・カーネマン名誉教授が信頼性の高い著名な学術誌『サイエンス』に、結婚と幸福の関係についての調査の結果を発表しました。四〇歳以上のビジネスウーマンを対象に、今の生活気分を聞くという調査を行い、彼女たちの結婚、未婚の状況も調べたのです。

事前の予測では、結婚している人のアンハッピー率、不幸な人の割合は二八％。独身の人のそれは四一％で、圧倒的に独身の人のほうがアンハッピーだろうとされていたんです。しかしながら調査の結果としては、結婚している人のうちアンハッピーだと感じる人が二三％であったのに対して、独身の人で不幸を感じている人は二一％だった。つまり、わずか二％ですが、結婚している人のほうが独身の人よりも、自分は不幸だと感じている人が多かったということです。

独身の人はよく、結婚すれば幸せになると思いがちです。けれども、決してそんなことはないのです。

結婚は、ある特定の人と生涯を共にする約束をするということですから、「人生最大の博打《ばくち》」です。ですので、結婚することですごく幸福になれる可能性もあるけれども、すごく不幸になる可能性もある。結婚相手が最悪だったら、「すごく不幸」ということになるのではないでしょうか。

▼「なぜこの人と一緒にいるのか」がわからないと結婚を続けられない時代

カウンセリングに来られた方で、自分の人生を顧みながら、こうおっしゃる方がいます。

「先生、私はなぜあの人と一緒にいなくてはならないんでしょうか」と。

「そりゃあ、たしかに結婚したいと思ってしたんですよ。でもね、今、五〇代半ばになって、結婚して二十数年間経ってみて、改めて考えざるを得ないのは、数ある男性がいる中で、なぜ私はよりによってこの人と一緒にいなくてはならないのか。この二十数年を過ごした相手がなぜこの人であったのか。その理由がよくわからないのです。そして、またこれから数十年生きるとしたら、なぜこの人とこれからも一緒に生きなくてはならないのか。その必然的な意味、理由が見出せないんです……」

「このパートナーと一緒にいることに必然的な意味や理由が見出せない」と悩む人はすごく多いんです。

そう考えると、やはり不幸になるリスクが高いのは独身の人以上に、結婚している人のほうなのです。

結婚を続けていくためには、「なぜこの人と一緒にい続けなくてはいけないのか」という問いに対する「意味と理由」が必要な時代になってきています。離婚するという選択肢が、かつてと違って今はどの人にとってもかなり現実味を帯びているわけです。そのため、「離婚せずにこの人と一緒に結婚生活を続ける意味は何なのか」と絶えず問うていかざるを得ない。こうした風潮の中で、独身者が増えるのは当然の成り行きだろうと思います。

そして、先ほどの調査でもわかるように、「独身であったらずっと自由でいられる」という思いを、既婚者も未婚者も含めて多くの人が抱いているわけです。ということは、「結婚したことで失ったもの」が、明確に意識されます。すると「この人と一緒にいることの必然的な意味や理由」がなければ、結婚生活を続けることはできないという人もどんどん増えていくのではないでしょうか。これから未婚者も増えていきますが、離婚する人も増えて、結果的に独身者はさらに増えていくだろうと思われます。

▼新DINKSとは

新DINKSという、新たな結婚の形についてご存知でしょうか。それは言わば「お一人様二人同居」。お互いの一人暮らしを尊重し、干渉し合わない形での結婚という、新たな形態が増えているのです。

一九八〇年代後半にDINKSという言葉が流行りました。私が二〇代の頃です。子どもを持たない共働きの夫婦のことを、ダブル・インカム・ノーキッズ（Double Income No Kids）、DINKSと呼んだのです。このDINKSの世帯数は現在、当時の約一・七倍の三六〇万を超すとのことです。

彼らは基本的に、遊びも旅行も夫婦一緒に行います。つまり今の五〇代の人が二〇代だった頃は、夫婦はいつも一緒が当たり前でした。けれども新しいDINKS、新DINKSというのは、一つ屋根の下にお一人様が二人同居するという形態なのです。

まず大きな特徴として、財布は別々。配偶者の収入や貯蓄額をどちらも把握していないという夫婦が二〇・一％。生活費を夫婦で分担しているという夫婦が四六％。これは、「日経

ＭＪ」が共働きで子どものいない二〇代から四〇代の既婚男女一二四一人の生活観や消費実態を調査したものです。

「財布は別々」という点が、かつてのＤＩＮＫＳと大きく異なる点です。

一九九〇年九月の「日経流通新聞」では、三〇代から四〇代のサラリーマンの約六割が、給料は全額妻に渡し、妻から小遣いをもらうという調査結果が掲載されています。けれども今は全くそうではない。一九八八年にライオンが首都圏のＤＩＮＫＳ女性に行った調査では、平日に夫とデートする人が四七・五％、現在の二倍以上いました。「遊びや旅行は二人で楽しむ」ということが、ＤＩＮＫＳの象徴的な行動様式だったのです。それが新ＤＩＮＫＳにおいては、個人の時間を充実させたいと思っている人が多く、「週に一回以上配偶者を伴わずに友人と会う」と答えた人が三割に上っています。これは結婚しても、配偶者には縛られないという生き方を象徴的に表わしています。

新ＤＩＮＫＳでは、別々に貯蓄するという夫婦が五〇％。夫や妻が休日に友人と出かけてもいいと思っている夫婦が九三・二％。つまり、拘束し合わないのです。「共働きで子どもがいないので個人の消費が楽しめる」という人は八〇・三％。「結婚しても食事に行く異性の友達がいてもいい」という人が六七・七％。「食事に行く異性の友達がいてもいい」という人は、かつてはすごく少なかったかもしれません。

いわゆる「家庭内離婚」とは違い、二人が不仲というわけではなく、自然なあり方として、「お一人様二人同居」という形になってきているのです。新DINKSは夫婦のことを「誰よりも仲がいい最高のルームメイトである」と思っているのです。

晩婚化も進み、総世帯に占めるDINKSのシェアは拡大傾向が続いています。国立社会保障・人口問題研究所は、二〇三五年には夫婦のみの世帯が、総世帯の二一・二%を占めると予測しています。その世帯の多くは、新DINKSのように、「お一人様二人同居」という形になってくるのではないかと思われます。

▼束縛し合わない人間関係——スマホのロック解除パスワードは絶対に教えない

「一生あなたとだけ、二人だけで生きていきます」という形の結婚は、究極の依存であり、究極の支配です。非常に不自由で不自然な形です。「この人とだけ寄り添っていきます」というのは、二人だけの関係で自己完結していく宣言を意味しています。完全なる支配、束縛であり、完全なる依存です。

結婚するしないにかかわらず、「ほどよく依存し、ほどよく自立する」生き方をどう実現するのかが、今まさに模索されていると思います。

結婚してもお互いの自立を奪わない、依存しすぎない、束縛し合わないという意識を持つことが、とても大事です。

どうすれば、結婚しても、相手の自由を奪わない関係を築き上げることができるでしょうか。

あるとき、三〇代後半の女性から相談を受けました。「ある男性からプロポーズされたのですが、私はもう一人暮らしが長くて結婚する自信がない。一人暮らしの自由さをこれだけ満喫したら、結婚なんて窮屈なものにしか思えない。だけど、生涯独身も怖い。何かいい方法はないでしょうか」。

私が提案したのは、相手に結婚の条件を伝えることでした。「基本的にお互い自分の部屋で過ごす。一日一時間だけ共有のリビングで過ごす」。この条件を受け入れてくれるならば結婚してはどうかと提案したのです。彼女は私の提案通りにして、結果として、今とてもうまくいっているそうです。

ずっと一人暮らしをしていた人が、いきなり共同生活を始めるというのは荷が重い。だから「一日一時間だけの結婚生活」。私はとてもおすすめですね。これだとお互いに恐怖感なく、一人暮らしを脱して結婚生活に入ることができます。

せっかく結婚するならば、もう少し親密な関係でいたいと思われる方もいらっしゃるでしょう。ただしそんな方にとっても、「結婚生活を送る上でこれだけは絶対にしてはいけない」と思われるルールがあります。それは、スマホのロック解除のパスワードを教えることです。

現代において、自立が全く奪われた状態というのは、パートナーが勝手に相手のスマホを見る状態です。スマホを見れば、だいたいその人の生活がわかります。これは、内面を完全に支配し束縛しているに等しい行為です。

世の中には、「俺のことを愛しているなら、ロック解除しろ」と言う男がいます。逆のパターンもあるでしょう。しかし、そこでパスワードを教えてしまったら、それはすなわち、あなたのすべてが監視状態に置かれるということです。これは私に言わせれば、「精神的な監禁状態」です。お互いの関係が、支配服従の関係になってしまう。だから、絶対それを認めてはいけません。

精神の自由を認め合った結婚生活を送る上での最低条件は、「スマホのロックをさせてもらえること」です。恋愛の相談を受けるとき、私はいつも、「相手がスマホのロック解除を求めてきたら、即別れなさい」と言っています。

▼老後も一人が幸せ

現代人の孤独の意味について示唆に富む本の一つが、『老後はひとり暮らしが幸せ』（辻川覚志著、水曜社）です。辻川さんは、六〇歳以上の高齢者四六〇人を対象にした研究を行っています。これがとても面白い。なんと、独居高齢者の人生の満足度のほうが、同居の高齢者の人生の満足度よりも高かったのです。

しかも子どものある人とない人でも、満足度はほとんど変わらない。よく「子どもがいる家はさみしくないからいいわね」などと言われますが、実はほとんど関係ないのです。娘が近居している場合は、満足度がやや高くなりますが、それ以外では、子どもの有無は老後の満足度にほぼ関係しないという結果が出ています。これは子どもがいない方には朗報ですね。

同居の家族数と満足度の関係を調べると、最も満足度が高いのは一人暮らしの世帯です。最低なのが二人暮らし。この間に三人以上の家族が入ります。二人暮らしが一番きついというのは、なんとなくわかりますね。二人での老後の生活というのはお互いに拘束して監視し合っているような感じになるのかもしれません。三人になるとやや満足度が高くなり、四人以上の三世代同居の満足度はほぼ一人暮らしに匹敵します。四人以上になると、一人暮らしの集まりみたいな感じになってくるのかもしれません。

この結果によると、必ずしも誰かとの同居がいいというわけでもないですね。同居者がいると、悩みも生じるということです。悩みの出所はすべて、家族の人間関係です。アドラー心理学では、すべての悩みは人間関係の悩みであると考えます。そう考えると、一人暮らしには悩む要素がないということになります。

著者は、三つのアドバイスを記しています。

一つは、高齢者になったら、生活環境を変えないことが大事。これは、本当にそう思います。慣れ親しんでいない地域や家に住むと不幸になりやすい。慣れ親しんでいないところにいきなり連れて行かれたことでうつになった高齢者の方は実際少なくありません。

二番目に、真に信頼のおける友を持つことです。本当に仲のいい友人を、数少なく持つこと。これがいい人生を生きている人の共通点です。仲のいい友人、本当の意味での親友を持てている。たくさんはいらない。ほんの二、三人でいいから、心を開いて話せる人がいればいいのです。遠く離れていて、たまに会うだけでもいいのです。

もちろん、逆に近くにいて普段から挨拶を交わしたり、助け合ったりする緩い友達もいていい。つまり、近くにいる人とは浅く表面的な緩い友達がよくて、遠くにいる人とは、しっかりとディープにつながるのがいいのです。

この二つをちゃんと区別しておくことが大事です。

三番目が、一人暮らしの満足度の源泉は、なんといっても家族に気を遣わずに自由な暮らしができることです。同居家族がいるだけ、気を遣う相手が増える。人と一緒に暮すとどうしても人間というのは、相手に期待してしまいます。相手に期待することが、悩みの源泉になります。そもそも、期待をしなければ、不満も生じません。期待すると、それを満たしてくれないことが不満になり、悩みになるわけです。それが相手に対する不満につながり、お互いに傷つけ合ったりすることになる。当然ですが、一人暮らしだと、最初から期待せずにすむので悩みも生じないのです。

人に求めずにすむこと。これが、一人暮らしの高齢者が穏やかな気持ちで毎日を過ごせていることの、大きなポイントです。

▼一人グルメ――常夜鍋

「一人」を楽しむことがブームになったのには、ドラマや芸能人などの影響もあります。「一人飯」ブームの立役者は、ドラマ『孤独のグルメ』でしょう。『孤独のグルメ』の原作者、久住昌之さんは、『ひとり飲み飯　肴かな』(日本文芸社)で、一人でも手軽に楽しめる料理をいくつか紹介しています。その中で、私が最も気に入ったのが、「常夜鍋」です。久住さんは、かつて、冬は家で必ず「常夜鍋」を作っていたそうです。毎晩食べても飽きずに食べられるから常夜鍋というらしいです。

「鍋に入れるのは、キャベツと豚バラ肉のみ。鍋に水を張り、生姜のスライスを二枚ほど入れて火にかける。お湯が沸くあいだに、大根おろしをすっておく。これは結構たくさん作ること。おかわりするからね。ひとり分で、大きいお椀に一杯ぐらい作っちゃえ。そして白ネギをじゃんじゃん刻みます。これもひとりで一本使っちゃう勢いで。ところが、この大根おろしと刻みネギ、という白白でしらけた感じのコンビが、物凄く活躍するのだ。味付けは、味ぽんのみ。キャベツはざく切り、豚バラ肉は大きかったらふたつ三つに切る感じかな。テキトーテキトー(ホントにテキトーな野郎って感じする)」(『ひとり飲み飯　肴かな』)。

これは本当に一人で楽しめる鍋です。『孤独のグルメ』の原作者は、やはり、自分一人で楽しむ達人でした。

▼眞鍋かをりが一人旅をする理由

女性の一人旅ブームを後押ししたのが、眞鍋かをりさんです。『眞鍋かをりの世界ひとり旅手帖』（祥伝社）は、一人で世界旅行に出かけるのが趣味という眞鍋かをりさんが、自身の経験を書きつづった一冊です。この本の中に眞鍋さんが「一人旅をする理由」が書かれています。

一つ目。休みができたらすぐに出かけることができる。友達と予定を合わせていたらなかなか行けない。一人だったら、例えば仕事のスケジュールが空いたときに、パッと飛行機を押えることができる。

二つ目。現地の人から話しかけられやすい。例えば、アテネでは政府が犬を保護しているが、手術や注射をしてから街に放しているそうです。こうすることによって、街のみんなで犬を飼うことができるわけです。こういうなかなか知り得ない事実を現地の人から教えてもらえるのも、一人旅の醍醐味の一つ。

三つ目は、旅のスケジュールに融通が利く。眞鍋さんは、いつも一日で結構な距離を歩くそうです。例えばたった三時間の乗り継ぎ時間でも思い切ってチーズのお店を訪れたり。こういう判断は、一人旅でなければなかなかできないものです。

四つ目、楽しむことに積極的になれる。いつも細かいスケジュールを立てずに、行き当たりばったりで楽しんじゃえとなれる。例えばロサンゼルスに行って現地で面白そうな観光スポットを探したら、西部開拓者の雰囲気が残るオールドタウンがあるという情報があったので、それをパッと楽しむことができた。こんなことが一人旅なら誰にも気兼ねせずにすることができます。

一人で海外旅行というと二の足を踏まれる方も少なくないでしょう。しかし眞鍋さんの本を読むと「自分にもできるかも」と思えてくるのです。

▼個の力が重要な時代

こういう時代になってくると、まさに「一人をどうやって過ごすか」という能力が問われます。いわば「個の力」ですね。

今、文科省では「資質・能力」という言葉を使っています。つまり、教科の内容を教え込むのが教育ではなくて、人が幸福になるために必要な「資質・能力」を育てるのが教育の目的なのだというわけです。そういう意味で言うと、これまではとかく協調性やコミュニケーション能力が問われていたのですが、これからは個の力、一人の時間をどう自分でデザインして有意義に過ごすことができるか、その能力が幸福な人生をつくっていく上で不可欠になってきます。なんといっても、五〇代で独身になる可能性が六割くらいになるわけですから。

▼一人をベースにしながらゆるやかに、つながる——しがらみから解き放たれる

だからと言って、人とのつき合いが重要ではないと言っているわけではありません。「一人で生きる」ということをベースにしながら、他者とゆるやかにつながる。ふらっと誰かと交流し合う。そういう生き方が現代的なあり方・生き方だと思います。これが、この本が提唱している「単独者」としての生き方です。

これは、深い交流は求めるけれど、しがらみには縛られないという生き方です。ここで重要なのは、「しがらみ」と「つながり」を明確に区別することです。一人であることをベースにしながら、時折、他者と深く交流する。これはとても心地いい。誰にも縛られず自由だ

し、他者との深い交流も得られる。ぜいたくな生き方です。

そのような人とのかかわりが、現代人の豊かなあり方の基本であると思っています。一人であること、単独者であることをベースに、そのときどきの必要性や欲求に応じて、他者とつながり、ふれ合いを持っていく生き方です。

これはいわば、「シェアの文化」です。基本は一人である。お互いに拘束し合わない。けれども時折食事をシェアしよう。時間をシェアしよう。物をシェアしよう。そのように、シェアということがベースになる文化です。シェアというのは、必要に応じて、そのときだけ人と時間を共にするやり方です。拘束し合わずに、時折人と深くふれ合うというあり方です。これが単身世帯の多い現代社会においては主流になっていくだろうと思います。

第4章

自分らしく生きることができない苦しみ

▼未熟な人というのは万能感にあふれた人

一人を楽しめない人は、自分の内側から切り離された人、自分の中心を失っている人です。その人は、自分らしく生きることができていない。それゆえの苦しみを抱えています。この章では、自分らしく生きることができない人の苦しみについて書きます。

なぜ自分らしく生きることができないのか。厳しい言い方ですが、心が未熟だからです。成熟した大人の心が十分に育っていない。それゆえ、一人を楽しむことができない。周りの目が気になる。いつも他の人からどう思われているかが気になって、心が引き裂かれてしまう。そういう苦しみを絶えず抱いています。

この問題は十数年前からアダルトチルドレンという言葉で指摘されてきました。最近では、「愛着障害」の視点から、自分らしい人生を生きることができない人の心の問題が指摘されています。

では、「心が未成熟」とはどのような状態を指すのでしょうか。成熟した人なら、こんなふうに考えることができます。人はわかってくれないものである。わかってくれる人にだけわかってもらえればそれでいい——。こういう考え方ができることが、大人の成熟した心の証です。みんなにわかってもらおうとしない。わかってくれる人だけわかってもらえればそれでいい。そういう、ある種の割り切りですね。自分をわかってくれる人と心を通わせればいいのだというスタンスで生きていける人が、成熟した心の持ち主と言えます。

逆に言うと、心が未熟な人というのは万能感にあふれた人です。ゆえに、すべて思い通りにいかないと落ち着かない。特に、読書をされている方には、努力家の方、向上心が高い方が多いですね。

こういう努力家の人は、絶えざる自己否定に陥ってしまいやすい。「勉強すれば勉強するほど、自分の未熟さばかりが目につきます」と言うのです。「こんな私はだめだ」「こんな心はだめだ」と、いつも心の中は苦しい。絶えざる自己否定に陥ってしまうのです。これは、やはりある種の万能感の表れです。万能感を払拭《ふっしょく》できないがゆえに苦しんでいるのです。

ある向上心の強い方がこう言ったのがすごく印象的です。「私の心にはいつも無限の階段があるんです」。

いつも努力をして頑張り続ける。それでようやく階段をここまで昇れたと思う。「ああ、私頑張ったな。ようやくここまで頑張れたんだな」と思ってふっと見上げると、また階段がある。「まだまだ頑張らなくては」と思って、ゴールに向かって努力を続ける。ある段階まできて「ああ、私頑張れた。達成できた」と思う。けれども、そこで安心してふっと上を見上げると、また階段がある。

無限にどこまでも続く階段が心の中にある。人生の無限階段がある。どこまで行っても「私はだめだ。私はだめだ」と、いつも自己否定感でいっぱいです。

この方は傍《はた》から見たらたぶん、相当優秀な方です。努力家で、向上心が強い方です。けれども、心の中はいつも自己否定感でいっぱい。自分で自分を否定し続けるわけです。向上心の強い方は、絶えざる自己否定に陥らざるを得ないのです。

その背景にあるのは万能感です。「自分は努力すれば必ず何者かになれるはずだ」「どんな限界も突破できるはずだ」という、無限なる向上心です。もちろん向上心そのものは悪くないけれど、まだ未熟な万能感があるがゆえに、絶えざる自己否定に陥らざるを得ない。「一〇〇点じゃないとだめだ」という思いに囚われた人生がずっと続いている。こうした未熟な万能感があるがゆえに、絶えざる自己否定に陥らざるを得ない。ほどよく諦めることができないのです。

▼ほどよい諦め、ほどよい向上心

「諦める」という言葉の語源は、仏教の用語「諦念《ていねん》」です。この言葉には、「明らかに見る」という意味があります。人生の現実を明らかに見る。「ああ、私ってこれほどのものなんだな」と受け止めることができると、無限の向上心、万能感によって自分を苦しめることはだいぶなくなります。ほどよく諦め、ほどよい向上心を持ち続けることができることが、成熟した大人の証です。

自分の中で「こうでなくては」と理想を設定して悪循環に陥ってしまうのは、心が未熟な証拠です。そうではなく、「こんなものか。仕方ないか」「それでも俺にできる仕事をやってやろう」「俺にしかできない仕事をやっていこう」という思いを持つ。こうしたことで、幸福感はつくられていくわけです。

もちろん、向上心が全くなくなってしまったら、人間はおしまいです。ですが、無限の向上心があるがゆえに、例えば本を読むたびに、「私はだめだ。私はだめだ」と心の中でつぶやきながら、「この本に書いてあるようなことができないといけない」と自分のあら探しのために本を読んでいるような方がおられます。これは大変にもったいないことです。

▼成熟とは、理解を求めないこと

同じことが、他者との人間関係においても言えます。万能感にあふれた人には、「努力さえすれば人はわかってくれるはずだ」「評価してくれるはずだ」という思い込みがあることが多いのです。

「努力さえしていれば理解してくれて当然だ」とか、「努力さえしていればリスペクトしてくれて当然だ」という考え方、これは大きな勘違いです。

いくら頑張ってもなかなか理解してもらえないのが、人生の常です。私も、この本がそれなりに売れることを願ってはいますが、正直言って、すごく頑張って書いた本でも、全然売れないこともあります。逆に、力を抜いて書いた本が意外と売れることもあります。

努力してくれたらわかってくれて当然とか、努力したら評価されて当然だと考える人は、人生の現実がわかっていない。努力しても叶わないこともある。逆に、そこそこの努力で自分の期待以上の成果が上がることもあるわけです。これが人生の現実だと思うのです。

人生は不条理です。不条理に満ちているのが人生です。このことをきちんとわかっておくことが、とても大事です。「わかってほしい」とか「リスペクトしてほしい」という気持ちが強ければ強いほど、心は未熟であると言っていいと思います。「わかってほしい」「リスペクトしてほしい」という気持ちがどれほど強いか、自分で自分を見つめるとよいと思います。かなり強いな、やっぱりわかってもらえないと落ち着かないな、正当に評価されてリスペクトされないと落ち着かないという気持ちが強い方は、周囲に振り回されて生きている人です。自分の中心がぶれてしまっている人と言ってもいいでしょう。

逆に言うと、真に成熟した大人である証は、人から理解を求めないということです。わかってくれなくてもそれでいい、という心の構えがあることです。

人にわかってもらえなくてもいい。むしろ自分自身に正直に生きることが大事なんだと思えることが、心が成熟した大人であることの一つのメルクマールです。

他者の期待に応えてこそ、はじめて自分のことを価値があると思える。こういう人は、まだ心が子どもの状態です。子どもはまさにそうですね。頑張ってお父さんお母さんに褒めてもらえてはじめて、自分のことを価値のある存在だと思えるようになる。そうではなく、わかってもらえなくても自分には価値があると思える、揺るがない自己価値感を持っているのが、大人の心の状態です。

「自分のことをわかってほしい」という気持ち、これは承認欲求です。日本人は承認欲求が異様に強いところがあります。承認欲求に振り回されて生きている日本人が、すごく多い。承認欲求を満たされるか否かによって自己価値感が大きく揺らいでしまうのが、未熟な状態です。

▼SNSが現代人の承認欲求を強めている

今、承認欲求が強い人が本当に多いと感じます。そして、他者からの承認が満たされないと自分に価値があると思えない人、それに苦しんでいる人が増えています。SNSの普及が、その傾向を助長しています。

本来、承認欲求自体は、人間の成長を促す働きをするものです。子どもを見ているとわかるように、人間は他者、特に年長者からの承認を得ること（認められること）を目指し努力し成長していくものだからです。

しかし、SNSの「いいね」によって得られる承認は、より短期的に閉ざされた仲間内から得られるものです。これで自足してしまう結果、現代人は、より長期的な努力や成長を重ねることで社会の中で承認を得ようとする「野心」「向上心」を減退させてしまっているように見えます。

SNSで仲間から「いいね」をもらう。「いいね」を何回押してもらえるかを非常に気にする。そういったことではじめて自己価値観を得ることができるのです。

ある二〇代女性はSNSを使うのが本当にいやになったと言います。なぜ自分はこんなにSNSで「いいね」してもらいたいのだろう、「こんな楽しいことがありました」とやたら自分の自慢をするのだろう。それがとてもいやになった。

なぜいやになったのか。そのきっかけは承認欲求の塊《かたまり》のようになっている人が、「承認して、承認して」「私を見て、私を見て」と、露骨に注目関心を欲しがっている姿を見て不快感を感じたことだと言います。これはユング心理学で言うシャドー（心の影）という現象です。人間には自分の心の影の部分、自分の中にあるけれども自分では自分の中にそれがあると認めることができない部分がある。そしてそれを他者を通して見てしまうとすごく不快になる。だからこそ、SNSで自分自慢をしている人を見ると、「もういやだ」とかなり強い拒絶感が生じてしまうのです。

同様に、人に素直に「かまって」と言えない人が、誰かが「かまって、かまって」と言っているのを見ると、醜い、許せないと感じてしまいます。「かまって、かまって」と言っている人と同じように、「かまって、かまって」と言いたいけど言えない人も内心では承認欲求に振り回されています。人は、同類の人で自分の欲求をさらけ出している人を見ると「許せない」と思ってしまうのです。

SNSはまさにこの承認欲求が渦巻いている世界です。「私をかまって。私を見て。私を承認して」という欲求が渦巻いているのがネット社会です。「いいね」を何回も押してもらわないと落ち着かなくなるというのは、まさにそうです。

▼マズローの欲求五段階説

「大人になる」＝「人間として成熟する」というのは、わざわざ人から承認されなくても、自分で自分のことを十分に承認できる段階、人に左右されない「自己価値感」を確立できている段階です。

有名な「マズローの欲求五段階説」という理論があります。人間は段階を踏んで欲求を満たしていくもので、次第に高次の要求を求めるようになるという理論です。一番下位の欲求が生理的欲求。眠りたいとか、お腹が減ったとか、トイレに行きたいといった欲求です。この生理的要求が満たされてはじめて、第二段階の安全欲求が生まれてきます。歌舞伎町のど真ん中に、鍵が閉まらないアパートがあったとしたら、そんなところには住みたくないですよね。戦地、戦争状態の国にも住みたくない。まずは安心安全を感じたい。それが満たされると、次に所属の欲求が出てくる。何かに所属していたいという欲求です。ここまでは日本人の多くの人が満たしています。

問題は、第四段階の承認欲求と、第五段階の自己実現の欲求です。多くの人は四番目の承認欲求が満たされずに右往左往しているのではと思われます。ネットに依存しＳＮＳでの評価に右往左往している人たちが、まさにそのような心の状態になっている人たちです。マズローの理論をよく読むと、第四段階の承認欲求を二段階に分けて論じています。一つは、「他者からの承認欲求」である下位の承認欲求。もう一つは、自分自身による承認欲求、自己承認欲求で、本書で「自己価値感」と呼んでいるものです。この二つには大きな違いがあります。

今多くの日本人は、他者からの承認欲求が満たされずに右往左往し、自分が苦しめられていると思っています。さみしい心にさいなまれている。それで「いいね」を欲しがるのです。

本来ならば、他人から満たされるより、自分の人間としての尊厳を満たすことのほうが大事なはずです。人から評価されなくても、自分で評価できる（自分でよしと思える）ならば、それでよし。本来あるべきこのような心の状態にシフトすることを、現代人の多くは肥大化した承認欲求によって妨げられています。

▼孤独に強い人は、自分に価値があることを知っている（確固たる「自己価値感」の確立）

承認欲求と自己価値感とはワンセット、一体です。他者からの承認欲求が満たされずにそこにとどまっている人は、人から認められるかどうかによって自己価値感が左右されてしまいます。人からの評価によって、絶えず自分の価値の有無、多少が左右されてしまうのです。これは親の期待に応えられるかどうかで自分の価値が決まると思っている子どもと変わらない、未熟な心の状態です。

本来、大人はそうではない。人から承認してもらえるかどうかは、自己価値感を得る上で不可欠なものではないはずです。人から認められても、認められなくても、自分に価値があるということはもう十分にわかっている。むしろ、自分で自分のことを承認できるかどうかのほうが、はるかに重要なんだという心の状態を持っている。このことこそ、孤独に強い人、真の大人になるための第一歩なのです。

▼失愛恐怖

他者からの承認欲求に縛られている状態とは、失愛恐怖にとらわれている状態です。こういう人は、多くの場合、「人から嫌われたら大変だ」「周りから評価されなくなったらもうおしまいだ」という不安に絶えずおびやかされています。

これは、芸能人ならわかります。つねに人からの評価にさらされ、それが仕事にストレートに影響するわけですから。作家や漫画家だってそうです。部数で、他者からの評価が如実《にょじつ》に示されます。そういった人気商売であれば失愛恐怖にとらわれないほうがおかしいぐらいです。

けれども、失愛恐怖があまりにも強いと、絶えずストレスフルな状態に自分を置くことになります。人から評価されるかどうか、人から自分が認められているかどうか、絶えずビクビクして生きることになります。

けれども芸能人だって、すでに評価が確立している人、あるいはたとえあまり売れなくても揺るがない自信がある人は、成熟した心の状態にあるのです。ベテランになって、あまり売れていない人でも、「俺には俺にしかない価値がある」と思えたら、もうこちらのものです。そう思えたら、人から認められようと認められていまいと関係ありません。「俺の芸にはそれなりの価値はあるということを、俺はよくわかっている」というのが、成熟した心の状態。現実を受け入れることができた、孤独に強い心の状態です。こういう人は失愛恐怖にビクビク怯えていないわけです。

逆に絶えず失愛恐怖にビクビク怯えて生きている人は、幸福にいつまでたってもたどりつけません。孤独に耐えられず、いつも仲間うちで寄り集まり、なぐさめ合っていないと落ち着かなくなってしまう。そういう人は、失愛恐怖からの脱却が非常に重要になってきます。

孤独に強い成熟した人とは、「人間というのはわかり合えないものだ」という心の構えで生きている人のことです。他の人とは、一〇%でもわかり合えたらそれで十分だという心の構え。これが大人のたしなみです。これが、自分で自分を生きていくために必要な心の構えです。

私自身もそうですが、そのような心の状態になっている人でも、どこかで「本当はわかってほしい」という気持ちも持っているものです。でも、わかってもらえなくても「ま、いっか。仕方ないか」と、ある種の開き直りができる。そうすると、心の余裕が生まれてきます。評価されないこと、わかってもらえないことに対して心の余裕を持ちながら生きることができるのです。こういう心の構えを持って生きることが大事なのです。そうすることではじめて、人間は失愛恐怖から自由になり、「真の孤独」を確立できるのです。

▼「真の自己」を生きるための人間性心理学――ゲシュタルトの祈り

一九六〇年代から八〇年代にかけて、アメリカでヒューマン・ポテンシャル・ムーブメント、人間性回復運動がブームになりました。今でも世界中でこの運動を起点とした「真の自分になる」「ほんとうの自分になる」ためのセラピーやワークショップが開催されています。

この運動は、自分らしく生きる、真の自己になる、ということを目指すものです。この本のテーマである、ほんとうの意味で一人を生きる、「真の孤独」「深い孤独」を確立して生きる、単独者として生きる、ということと目指すところはほぼイコールです。

日本でも、人間性心理学のワークショップに参加して体験的に学んでいる人はたくさんいます。

よく日本人は「アメリカ人と日本人は違う」と言います。アメリカ人は個人主義で、日本人は集団主義、だから日本人は人の目が気になるんだ、と言う方が結構多いです。これは、日本人の典型的な思い込みだと思います。

私の経験から言っても、人前で話すとあがって緊張するアメリカ人はたくさんいます。人からどう見られるかと気にする、視線恐怖を抱いているような人です。

だから、アメリカでも人間性心理学（ヒューマニスティック・サイコロジー）が大変流行したのです。自分らしくある、真の自己になるということがテーマになったのです。これは裏返して言うと、多くのアメリカ人が自己喪失状態にあったということです。人の期待に応えようと思って絶えずビクビクしている。周りの期待に応えることができない自分を否定的に扱う。この状態から逃れたいという切実な悩みをかかえている人が多く、それゆえに「真の自己になる」ということが大きなテーマになりえたわけです。

そのベースになるセオリーが人間性心理学です。

「人間性心理学」の創始者は、先述したアブラハム・マズローです。欲求の階層説を唱え、自己実現論を唱えた心理学者です。マズローがまずベースを築いて、カウンセリングで有名なカール・ロジャーズや、その弟子でフォーカシングをつくったユージン・ジェンドリン、さらにゲシュタルト療法のフレデリック・パールズなどが中心になって、人間性回復運動を後押ししていきました。最近では、センサリー・アウェアネスというセラピーがアメリカではさかんに行われています。

いずれにしても目的は一つ。「真の自己を取り戻すこと」です。本来の自己を回復する。本来の自己として生きる。真の自己として生きる。これが目的です。

人間性回復運動の精神を謳いあげた一篇の詩が、多くの人の心を捉えました。「ゲシュタルトの祈り」という詩です。この詩を何度も口ずさみながら、多くの人が自分自身を取り戻していきました。

こういう詩です。

ゲシュタルトの祈り

「私は、あなたの期待に応えるために、この世に生まれたのではない。
あなたも私の期待に応えるために、この世に生まれたのではない。
あなたはあなた、私は私。
もしふたり、心が通い合うことがあれば、それは素晴らしいこと。
けれどももし、わかり合えないままであっても、それはそれで致し方のないこと」

この詩を多くの人が何度も何度も口ずさみながら、自分自身を取り戻そうとしていきました。

人の目が気になる人、自分は失愛恐怖だと思う人は、この詩を毎日三〇回、大きな声で唱えることをおすすめします。例えば、大きな声でこの詩を三〇回唱えたら、はじめて晩酌のビールを飲んでいい。そんなルールを自分に課すのはどうでしょう。この詩の朗読をホームワーク（宿題）にするのです。

人間は心の中で何かを常につぶやいています。これが感情を生むのです。感情は心のつぶやきによって生まれるのです。ですから、心のつぶやきを書き換えていくことで感情は変わる。これまでの「心の物語」を「新たな心の物語」に書き換える。「失愛恐怖にビクビクして、愛を失わないかどうかビクビクしている私」という物語から、「愛を失っても生きていける私」「どんなに孤独であっても生きていける私」へと物語を変えていくのです。ここでいう物語とは、人生の日々の選択の根拠になっている、自分の生き方のパターンのことを指します。

私たちは知らず知らずのうちに、ある人生の物語を生きています。人からの愛を失わないかどうかに絶えず怯えている。人の愛を失わないためにいつも腐心している。もし自分がそういう物語を生きていることに気づいたら、それにストップをかける。そして、その物語を新たな物語に書き換えるのです。

そのとき参考にしてほしいのが先の「ゲシュタルトの祈り」です。この詩を自分なりに、より自分にフィットするように書き換えてもよいでしょう。自分なりに書き換えて、「この言葉を毎日唱えていれば私は自由になれる」「この言葉を唱えていれば私は自由に自分らしく生きていける」。そういう言葉を見つけて毎日何回も声に出して唱えることで、生き方が変わるのです。

▼アルバート・エリスの論理療法と、イラショナルビリーフからの脱却

自分で自分に語りかけることで、自分の人生の物語を書き換えることを提唱している代表的なセラピーの一つが、ニューヨークのカリスマセラピストだった、アルバート・エリスがつくった論理療法です。これも「自分らしい生き方」を取り戻す上で、とても役に立つ療法です。

この療法は、ABCDE理論とも呼ばれます。Aは〝Actual Event〟のA、実際に起きた出来事のことです。Bは〝Belief〟のBです。受け取り方や心情、あるいは〝思い込み〟のことです。Cは結果として生まれる感情。〝Consequence〟のCです。このABCという筋道で、人間の感情は生まれてくると考えるのです。

論理療法のＡＢＣ理論

Ａ：実際の出来事
（例：彼女にふられた）
↓
Ｂ：信条、受け止め方
（例：好きな女性に愛されなければ、幸せになれない）
↓
Ｃ：結果として生じた感情
（例：ひどく落ち込む）

多くの人は、Ａ（つらい出来事）がＣ（つらい気持ち）をつくっていると思い込んでいます。例えば、「大好きな彼女にふられた」というＡがあるとします。それがＣ、結果として「もう俺なんか生きていても価値がない」「死んでしまいたい」という感情を生み出していると考えるのです。そうではない、と考えるのが、論理療法です。

その間に、Bが介在しているのです。〝受け止め方〟です。どんな受け止め方をしているか、それによって人間の感情は変わってくるのです。

もしこの人が、「人生の価値は恋愛で決まる」「好きな女性に愛されなければ私は一生不幸なままだ」というビリーフを持ち、そういう受け止め方をしていると、落ち込んで当然です。「けれども」と、ここで考えるのです。「こんなに極端に落ち込んでしまうということは、自分は今歪んだビリーフを持っているのではないか」――。この歪んだ思い込みのことを、アルバート・エリスはイラショナルビリーフ（Irrational Belief）と呼びました。非合理的なビリーフということです。

先ほどの言葉で言うと、未成熟な思い込みです。「人生の価値は恋愛で決まる」「好きになった女性に愛されなかったら私の人生はもうおしまいだ」というのは、ちょっと行きすぎた考えですね。

これを、自分で論破するのです。それが、ABCDE理論のDです。“Dispute”、論駁《ろんばく》です。自分で自分の抱いているB、歪んだ思い込みを論破するのです。そうするとE、効果（Effect）が生まれます。自己論駁の効果として幸福な感情が訪れるのです。

「人生の価値は恋愛で決まる」「好きになった女性に愛されなかったら私なんてダメ人間

だ」と思っていたら、落ち込んで当然です。これを論破して、「愛した女性がたまたま好きになってくれないことは当然ある」「しかし、好きになった女性からたまたま愛されようと愛されまいと、それによって私の存在価値は変わらない」と考えるのです。「たまたま好きになった女性から好きになってもらえなくても、私がダメ人間であるというわけではない」というごく当たり前の考え方。それは、「いくらこちらが好きになっても、好きになってもらえないこともある」という「小さな諦め」を含み入れた、大人の考えです。このように自分の「受け止め方の世界」を変えることができればより幸福になれるという理論です。

「人から見捨てられたらおしまいだ」という考えは、失愛恐怖の人が持ちやすいイラショナルビリーフです。

これを「人に好かれるに越したことはない。けれども、嫌われたからといって私の価値がなくなるわけではない」という考えに変えていくのです。

私たちの中には「人から嫌われたらおしまいだ」と潜在的な不安を抱いている人は、とても多いです。だからこそ『嫌われる勇気』(岸見一郎・古賀史健共著、ダイヤモンド社)という本があれほど売れたのです。『嫌われる勇気』が売れるということは、多くの人の中に、嫌われることに対する抵抗感がすごくあるということです。嫌われても平気と思えない人が、

「嫌われても平気になったらどんなにいいだろう」と思って読まれたのでしょう。

▼人から評価されないと、自分が「からっぽ」に思えてしまう新型うつ

今二〇代から三〇代半ばぐらいの方を中心に急激に増えている「新型うつ」という新しいタイプのうつ症状があります。これは、本章で述べている「人から理解され、承認されないと自分の価値があると思えない」現代人の病です。

従来型のうつの人は、ひどい落ち込みと不眠があって、ぐったりした状態で絶えず自分を責め続けていました。「私なんかだめだ。私のせいだ。私なんかだめだ」と。それで心のエネルギーが枯渇してしまっていたのが、従来型のうつです。

それに対して、新型うつは、自分よりもまず、他者を責めるのです。「私のやる気が出ないのは、あの上司が私の実力を正しく理解できないせいだ」と上司を責めて、会社を休み始めるのです。

今の二〇代から三〇代半ばは、周囲に理解のある大人に恵まれ過ぎた世代です。子どもの頃から、「大人はわかってくれて当然だ」という思いをずっと抱いて育ってきました。それゆえ、「上司は私のことをわかってくれて当然だ。私が今ひとつ仕事で実力を発揮できないの

は、上司が理解してくれないからだ」「先輩たちが私のことを理解してくれないから悪いんだ」と、他者を責めやすいのです。これが新型うつの特徴です。そのため、仕事のやる気が出ない。「からっぽの自分」をごまかすために、アフター5になったら、から元気を出してはしゃぐのです。

しかし、傍《はた》から見ると、何でも人のせいにして、さぼっているようにしか見えません。新型うつは本当に病気なのか、今議論されている最中です。やる気が出ないのは確かなんだから、それを「怠け」と言っても仕方ない、治療をするしかないという考え方もある一方で、「こういう人に診断書を書いてしまうとどんどん増えてしまう。仕事で評価されないのを上司のせいにする。それでいいのか」と切り捨てる人もいます。

私自身は新型うつの背景には、本質的な問題として、他者から理解され評価されないと「自分はからっぽ」だと感じてしまう実存的な空虚があり、それから目をそむけるために、アフター5や休日に忙しくはしゃいでしまうのだろうと思っています。

「たまたま理解してくれる上司に当たったらラッキー」くらいに思えたら、新型うつにはならないでしょうが、本心からそうはなかなか思えないものです。

「新型うつ」の急増には、他者からの承認がないと自己価値感を保つことができず、意欲そのものが減退してしまう、という現代人のあり方がストレートに反映されています。

第5章

もしかすると私も「プチ愛着障害」？

▼心の土台はいかにして形成されるか

前章では、失愛恐怖に苦しんでいる人の苦しみ、そしてそこからどうやったら自由になれるかをお話ししました。この、失愛恐怖におびえ、人からの視線に絶えず苦しんでいる人の問題は、一〇年くらい前はアダルトチルドレンという文脈で、そしてここ数年は愛着障害（アタッチメント障害）という文脈で語られることが少なくありません。そしてこうした考えが流行るとその都度、「もしかしたら自分はアダルトチルドレンかも」「もしかしたら私は愛着障害かも」「だから私は生きづらいのかもしれない」と多くの人は考えます。

実際に診断名がつく人はそう多くはありませんが、このように自分を疑ってみることが、自分の持っている心の傾向に目を向ける上で意味を持たないわけではありません。このことを少し考えてみましょう。

愛着障害とは、母親をはじめとした養育者との間に愛着（アタッチメント）を形成できなかったがために、情緒や対人関係の歪みが生じることです。

愛着という概念が生まれた発端は、ジョン・ボウルヴィという心理学者が、動物行動学者のコンラート・ローレンツの学説に従って、「愛着セオリー」という理論をつくったことです。

動物行動学に、インプリンティングという「後追い行動」についての研究があります。雛《ひな》鳥が「これが自分を守ってくれる養育対象だ」と思ったら、その後をついていく。これをインプリンティング、刷り込みといいます。それと同じことが人間の子どもにも言えるのではないかというのが、ボウルヴィのアタッチメントの理論なのです。

人間は生まれて数週間くらい経つと、自分の主たる養育者とそうでないものを見分け始めるようになります。そして生後半年ぐらいで完全に見分けられるようになります。「主たる養育者」というのは、多くの場合、母親です。シングルファーザーだったら父親です。保育園に預けている場合であれば保育園の先生も含めて三人ぐらいが主たる養育者とみなされます。

「この人は違う人だ」と認識された人に対しては、人見知りを始めます。逆に「主たる養育者」にはべたっと甘えてくるようになる。養育者が「心の安全基地」となったのだ、とこの理論では考えます。

「心の安全基地」である母親のところに行くと安心できるわけです。そして、あるときには勇気を出して友達のところに行って、もし意地悪されたら「えーん」と言って「心の安全基地」である母親のもとに戻ってくる。次の段階では、お母さんお父さん以外の大人にも関わってみる。関わってみて怖かったら、また「心の安全基地」に戻ってきて、安心感、安全感を確かめる。そうすることで「心の土台」がつくられていくようになるのです。これをインターナル・ワーキングモデル（内的作業モデル）といいます。絶えず親から愛され続けることで、「私は愛されるに足る人間だ」「私は幸福になる価値がある人間だ」という自己肯定感の基本がこの時期につくられるのです。生後半年から二、三歳の間のことです。

よく「三つ子の魂百まで」「三歳までがとても大事だ」と言いますが、本当にそうなのです。どんなに長くても五、六歳までです。この乳幼児期に心の安全基地を感じながら生きることができたら、「私は愛されるに足る人間だ」「私は幸せになってよい人間だ」という生き方の物語がつくられるのです。

▼回避型の愛着障害

ではこのような安心感、安定感を感じられずに子ども時代を過ごすと、どうなるか。例えば、幼い頃からいつも「どうしてお前はそうなんだ！」と親から怒鳴られ続けていると、絶えずビクビクした緊張状態で子ども時代を過ごすことになります。子どもは常におびえることになってしまいます。自分の身は自分で守らないといけない要警戒状態に入るのです。

そうした状態で生きているとどうなるか。二種類のパターンがあります。一つは、抑制型の愛着障害といって、回避型の人生パターンに陥ることになります。すなわち、人やリスクを回避するようになるのです。

例えば、五歳のまさお君のお母さんがいつもスマホやゲームに夢中で、まさお君は常に無視されてしまっているとします。そうするとまさお君は、自分を守るために、無視されることに慣れっこになるわけです。するとどうなるか。お母さんが保育園にお迎えに来て、「まさおー」と呼んでも、それを無視して、遊びをやめない。こういう状態が続くと回避型のパターンを身につけざるを得なくなります。

回避型の傾向がある人は、他者と深い関係を持つことが苦手です。こうした人は、他者に心を許すことを回避してしまうパターンを人生の物語として無意識のうちに身につけてしまっていることが多いのです。すると、例えば、異性と交際し本気で相手を好きになるなどして、相手とある程度以上親密になる可能性が生じると、自分からさっと身を引いてしまいます。

最近、常にマスクをしたりストールを着けるなどして顔を隠している人が時折いますが、そうした人の心の中にも回避型の心性が存在しているかもしれません。

▼脱抑制型の愛着障害

もう一つのタイプは、脱抑制型の愛着障害です。このタイプの人は、子どものとき、お母さんが保育園にお迎えに来たときに、「なんでもっと早く迎えに来ないんだよお!!」と言って叫んだり叩いたりしたかもしれません。感情を爆発させ相手を攻撃しがちなのです。子どもの頃、人見知りもあまりなかったかもしれません。

なぜこうなってしまったか。母親がいつも怒鳴ってばかりいる、あるいは、気分次第で怒鳴ったり無視したり自分の気が向いたときだけ子どもにかまうということが続いて、子どもとしてはどうしていいかわからなくなる。特定の養育者に安心感を感じることができない。そのため、誰彼かまわずなつくようになるのです。これも愛着障害です。こういう人は将来どうなりやすいかというと、本当に安心できる人かどうか見定めることなく誰彼かまわずくっついていって、仲良くなってしまう。場合によっては、そのために非行に走ったり、犯罪的なことに巻き込まれたりしやすくなってしまうこともあるでしょう。

このような傾向や心性が自分にないかと疑ってみることが自己理解につながる面はたしか

にあります。しかし、あまりにパターン化して考えてしまうことは害悪にもなります。

愛着障害のメカニズムを知った人の一部が、「私も子ども時代十分愛されなかったかも」「だから私も愛着障害なのかも」「人と深く心を通わせられないのは（愛されるのが苦手なのは）そのせいかも」などと思い、自分は誰かの「被害者」で、不幸にならざるを得ない「負の人生ストーリー」を抱えて生きているのだと思い込むようになるリスクがあるのです。

「私も愛着障害かも」症候群、「私もアダルトチルドレンかも」症候群の人が、負の人生ストーリーによって人生を固定化してしまうきらいもないとは言えないのです。そのような固定化には、十分気をつける必要があります。

▼結婚したいと言いながら結婚できない本当の理由――回避型の対人関係パターン

回避型の人の恋愛相談を受けていて、気づかされることがあります。それは、「本当に好きになってしまいそうだったから、私から別れを告げました」というパターンが大変多いということです。本当に好きになってしまって、そのあとフラれたらどれだけ傷つくかと思うと怖い。だから自分から別れる。そこそこ好きなぐらいでいたら恋愛を続けられるけど、と言うのです。そのような悩み相談がすごく多いですね。

口では「結婚したい、結婚したい」と言いながら、実際に異性とある程度以上親密になると、何かしら理由をつけて別れを切り出す人もいます。

意識的には結婚して幸せになりたいと思っている。それは事実なんです。でも、無意識のうちに、結婚するリスクを回避するのです。

当然ながら結婚にはリスクがつきものです。結婚しなかったら、自分で自分の人生をある程度コントロールできます。でも結婚してしまったら、パートナーがどんな人かによって人生がかなり大きく左右されざるを得なくなります。この意味で、「結婚こそ人生最大の大博打」なのです。

それを恐れる人は、人と親密になることを回避します。他者と親密になったり、結婚するといった〝冒険〟はしない。「結婚したい、結婚したい」と言いながらも、結局結婚しない。このような回避型の人生ストーリーを無意識のうちに抱いている人が、「もしかしたら私は回避型の愛着障害なのかもしれない」と思うわけです。あるいは「アダルトチルドレンなのかもしれない」と思うのです。

結婚できない人の中には、子ども時代に回避型の人生スタイルを身につけていて、今もそれを続けている人がそれなりにいると思われます。これが結婚したいと言いながら結婚できない本当の理由の一つです。

▼なぜ、安定した人間関係が得られないのか――脱抑制型の対人関係パターン

逆に、脱抑制型の人は、相手が本当に信頼できるかどうかよく吟味する前にかまわずポーンとくっついてしまうところがあります。こういう人は、暴力的な接し方をされたり、言い合いになったりということに慣れていますから、ガチガチぶつかったり、裏切ったり裏切られたりするような人間関係も厭《いと》わないのです。穏やかな安定した人間関係には慣れていないので、穏やかな人とつき合っていると、逆に居心地が悪くなるのです。対等な人間関係が苦手で、相手をコントロールしようとするのです。そういう人間関係に親しみがあるんですね。

このタイプの人も、本当に深い親密な人間関係を結ぶことは苦手です。表面的には相手の心の中にスーッと入っていきます。あまり危険を顧みずに、いろいろなことにすぐ飛び込んでいくのです。

こういう人は、恋愛をしていると「軽い人」と思われて、常に二番手にしか選ばれない傾向もあるようです。恋愛でも、二番目にちょうどいい人みたいな役を演じさせられている損

な人がいます。都合のいい女とか、都合のいい男と言われる人です。本人もむしろ、「一番愛されているよりも、二番手のほうがホッとする」ところがあります。こういう人がやはり「自分は愛着障害かもしれない」と思うことがあります。

慎重すぎて結婚に至らない人には、回避型の愛着障害の可能性があるかもしれません。逆に、誰ともスーッと仲良くなるけれどもいつも本命には選ばれないという人は、脱抑制型の愛着障害の可能性があるかもしれません。

人生というのは、ほどよくリスクを冒して、ほどよく自分を守ることが大事です。しかしこれがなかなか難しい。愛着障害の傾向がある人は、完全に守りに入って結婚できないか、逆に、無防備にどんどん飛び込んで恋愛をするけれども、それ以上深い安定した関係を持てないことになりがちです。仕事でも、いつも安定ばかり選んでしまって冒険できないパターンか、逆に冒険ばかりしてしまって一つのことを丁寧に続けることはできないパターンのどちらかになってしまいがちです。

▼自分の人生を変えるためにやってほしいこと

いかがでしょうか。自分もどちらかに当てはまると思った方が多いのではないでしょうか。先日の心理学のセミナーで「どちらかに自分が当てはまると思った人？」と訊くと、八割の方が手を挙げました。

愛着障害という考えを知って自分の人間関係のパターンについて理解を深めることはもちろんよいことです。誰かと親密になりすぎることを回避して、自分の殻に閉じこもろうとするタイプか、それとも、無防備に飛び込んでいくタイプなのか。

大切なのは、自分がこれまで身につけてきた人生のパターンを、これからどうするかです。

ある方が質問に来られました。「私は四〇歳です。もう子ども時代に戻ることはできません。どうしたらいいでしょうか」。その方が言うには、ある本に「一生愛し続けてくれる人が見つからない限り、あなたは愛着障害のままです」と書いてあったとのことです。

私は、そんなことはないと思います。

では何をすればいいのか。

第一ステップは、まず自分の人生パターンに気づくことです。自分の人生パターンは、回避型で親密な人間関係を避けて自分に閉じこもるタイプなのか。それとも、リスクを好んで無防備に飛び込んでしまうタイプ（脱抑制型）なのか。これに気づくだけでもだいぶ違います。自分が無意識にどんな人生パターン、どういう人生の物語を生きているかに気づくこと。これが第一ステップです。

二つ目のステップは、そのパターンを選ぶことで、自分がどんなメリットを得ているのかを意識化することです。アドラーはこう言いました。人間は無意識のうちにある人生ストーリーを選んでいる、それは目的があるからだ。そうすることで何らかのメリットが得られるからだ、と言うのです。

回避型の人生パターンを選ぶ理由は何でしょうか。これは、リスクを冒さずにすむということでしょう。とんでもない人と親密になって、痛い目に遭うことを避けることができる。安心、安全というメリットがある。では、脱抑制型の生き方をしている人のメリットは？ワクワク感やドキドキ感、すごく親密な触れ合いを得ることができる。それを得られるからこそ、スーッと他人に近づくわけです。けれども突然パッと相手から関係を切られて、捨てられてしまうこともあります。

第三ステップは、「自分で自分を愛する宣言」をすることです。

大人が子どもと違うのは、自分で自分を幸福にすることができるという点です。六歳の子どもだったら、親から愛されなかったら幸福になれません。けれども、読者の皆さんはもう大人なのですから、自分で自分を愛することができます。誰か愛してくれる人がいなければ不幸なままなのかというと、決してそんなことはありません。自分で自分を愛することによって、自分を幸福な自分に変えていくことができるのです。

四つ目のステップは、「心の安全基地」「深いことを安心して話せる人間関係」を持続的に体験するということです。

これは友人とでもいいし、恋人や配偶者とでもいい。「この人といると本当に安心できる」「絶対にこの人は私のことを見捨てない」と心の底から思える人との間に親密な関係を持ち続けることです。これを何度も何度も体験することで、人生のストーリーは書き換えられていきます。

けれども、そういう人が見つからないという人は、あたたかいカウンセラーとのセッションを持続的に体験することをおすすめします。週に一回五〇分のカウンセリングを受けて、「ああ、なんだろう。このカウンセラーさんといると安心できるな」――そんな心の安全基地をお金を払って獲得することができるのです。

あるいは、心理学のワークショップ（体験的な勉強会）があります。それに月に一回二日間参加することで、本当に心の安全を体験することができます。社会で仕事をするときは、競争社会で、いつもビクビクしている。けれども、ここに来ると本当に素《す》の自分に帰れる。素の自分を受け入れてもらえる。そういう体験を繰り返しするのです。

五つ目のステップは、自分で自分の人生ストーリーを書き換える作業を行うことです。自分が無意識のうちに選択していた人生ストーリーを、自分自身で選択した新たな人生ストーリーに書き換えるのです。「私には私の人生がある。人から嫌われても私は平気。私の人生の主人公は私だ」「私はリスクに対しておびえてばかりではない。私は人生のリスクをとることができる。人生の出会いやチャンスに心を開いて生きていくことができる」――こんなふうに人生のストーリーを書き換えていくのです。

「こんなふうに生きたいな」と思える人生のストーリーを紙に書いてみましょう。

それを書いたら、一日三〇回、夕食前などに三〇回唱える。立ち上がって、こぶしを突き上げて、大きな声で、気持ちを込めて三〇回ほど大きな声で叫ぶのです。何度も何度も自分の心に染み込ませるように叫び続けてください。すると、じわーっと無意識の人生ストーリーが変わっていくのです。

大人は子どもと違って、自分の人生ストーリーを新たに選び直すことができます。人生は自分で再選択できる。アドラー心理学やその弟子のフランクルの心理学ではこのことを強調します。

あなたは自分で自分の人生を再選択できます。「こんな人生を生きたい」と思う人生を、もう一度選び直しましょう。

あなたは自分で自分の人生を価値あるものに高めることができる。今この場で人生を選び直すことができるのです。

第6章

単独者として生きよ

深く流れる「ひとり時間」を楽しむための孤独の理論

▼キルケゴールによる「単独者」の提唱

「孤独死」という言葉をある人が「単独死」と言い換えました。その方がおっしゃるには、「孤独死という言葉がよくない。孤独死というのは、『俺は一人で寂しい』『一人で生きるのは惨めだ』という気持ちを生んでしまうネガティブな言葉だ。けれども、これから一人暮らしの人がどんどん増えていく。一人で生きることを肯定できなければいけない。『孤独死』して一人寂しく死ぬのではなく、『単独死』していくと考えたら、プライドを持って死ねるのではないか。人間としての尊厳やプライドを失わずに、一人で生き、一人で死んでいくことができるのではないか」。誰が言い始めたかはわからないのですが、そのようにつづられた文章を読んだことがあります。そのときに、「なるほど、単独死というのは、いい言葉だな」と思いました。

私は大学院生のときに、かなり力を入れてキルケゴールの文献に取り組んでいた時期があります。思想史的にいうと、このキルケゴールが単独者ということをはじめて言った人なのです。ニーチェと共に、実存思想の創始者とされているデンマークの哲学者です。

キルケゴール自身も相当単独に生きた人です。キルケゴールはあるときレギーネという女性に恋をして、何年もかけてようやく婚約までたどり着きました。

あの手この手を尽くしてなんとかレギーネを口説き落としたのです。それで婚約した。しかしその瞬間、キルケゴールは大事なことに気づいたというのです。「私は神と結婚していたのだ」と。そして、自分のほうから破談に持っていったのです。相当、ねじれてますね。キルケゴールは、四二歳で、生涯独身で亡くなりました。

キルケゴールはプロテスタントの理論的支柱にもなっています。浄土真宗の親鸞とキルケゴールの思想は近いところがあります。浄土真宗は悪人正《あくにんしょう》機《き》説《せつ》で有名です。これは、悪いことをしたら救われるということではなく、人間は自分の罪の深さ、業の深さに対する自覚を深めていくことによって救われていくという思想です。

キルケゴールの思想も同様で、自覚の思想なのです。自分がどれだけ深く絶望しているかに深く深く気づいていく、自覚していく。そのときに本当の信仰に目覚めるのだ、と言うのです。「神を信じるのだ」と説くのではなく、自分がどれほど罪深いのか深く深く自覚せよと言う。そしてその絶望のどん底において神との真の出会いがあるのだ、というのがキルケゴールの思想です。思想の構造が親鸞ととても似ていると言われます。

さらにキルケゴールは、最終的に重要なのは、教義や集団ではないと言います。だから彼の思想は、内村鑑三の無教会派の理論的支柱にもなりました。つまり、みんなで教会に行って神に祈ることや、教義が大事なのではない。真に重要なのは、神の前に一人で立つこと。単独者として神と直接対話することである。そうすることで人ははじめて、真の人間になることができるのだ、と言うのです。

ニーチェは無神論者で、キルケゴールは有神論者ですが、人間として、真に自己に誠実であるということを重んじる点で、ニーチェとキルケゴールは似ています。ニーチェ、キルケゴール、親鸞――この三人の思想が多くの人の共感を生むのは、彼らの思想が「とことん自己に誠実である」という姿勢で語られているからだと思います。

▼単独者として生きる条件

では、どうすれば、「単独者」として生きることができるのでしょうか。

まず一つは、世間や他者におもねらないことです。人から嫌われてもいい。どんなに嫌われても、俺には俺の人生がある。私には私の人生がある。俺には俺の生き方がある。たとえ、世界中の人間が自分のことを敵に思っても、自分だけは自分の味方でいるぞという、この決意、覚悟。これが自分を生きるということです。

二つ目に、自分が本気で選び取った自分を生きることです。キルケゴールはこういう名言を吐いています。「何を選ぶかはさほど重要ではない。何かを本気で選ぶということが大事なのだ」と（『あれか、これか』）。

何かを本気で選ばなければ、結局何も選んだことにならないと言うのです。私はとてもわかる気がします。何かを本気で選ばずに、「これもいいかも。あれもいいかな」と選んでいたら、結局それが失敗だったということにも気づくことはできません。これが、キルケゴールが言うところの「あれも、これも」という状態です。

恋愛もそうだし、学問だってそうですね。例えば、地理も好きだし、歴史も好きだし、哲学も好き。だからといってあれもこれも少しずつかじるといったスタイルであれば、何も本気で勉強していないわけです。そのままでは、それが自分の将来を賭けるに値する学問かどうかわかりません。「俺は哲学でいく」と選び取って、とことん自分を追い込んでみてはじめて、自分がそれに向いているかどうかが見えてきます。何か一つに賭ける。それが本気で生きる、ということです。

恋愛もそうです。「この人も好きだし、この人ともいい関係をとっておこう」というように、決断をしない。ふられたら困るからといって常に「スペア」を用意しておく。

あるいは、五人も六人も彼氏彼女がいるような人がいます。一人に決めないわけです。

この状態では、本当の恋かどうかということに気づくこともできないし、誰を自分が本当に愛しているかもわからなくなってしまいます。キルケゴールはこれを「あれも、これも」という態度として、強く戒《いまし》めるのです。

単独者としての生き方の三つ目は、自己ととことん誠実に向き合うことです。人から嫌われないようにすることよりも、自分が自分自身であることを大事にするという生き方です。

四つ目に、深く交流できる人間とだけつき合うこと。表面的な浅い人間関係を多く持つよりも、深い交流をごく親密な少数の人とだけ持つことです。

▼深層の時間を生きる

次に単独者として「深く生きる」とはどういうことか、考えてみましょう。

「深く生きる」とは、言い換えれば、「深く流れる時間」を生きるということです。では、「深く流れる時間」を生きるとはどういうことか。

自分の内なる声（still small voice「なおか細き声」）に耳を傾けつつ生きるということです。いろいろな刺激から隔絶された環境に身を置いて、一人の時間を持つ。「世間の時間」が

「表層の時間」であるとしたら、「一人自分の内側に深く入っていく時間」は、「深層の時間」です。自分の中に深く入り込んで、深く流れる時間を生きる体験です。

表層の時間は、「時計の時間」です。例えば、この原稿を書いている今六時一三分ですが、この時間が表層の時間です。みなで共有された時間です。これがないと現実生活で困ります。待ち合わせもできません。

時間にはもう一つの時間があります。自分の内側に深く入り込んだり、我を忘れて何かに取り組んだりしていると、「時間の流れが変わった」と感じられるときがあります。私も、我を忘れて文章を書いていると、あっという間に思ったよりもはるかに長い時間が過ぎていて驚くことがよくあります。「えー、もう三時間過ぎている。まだ二ページしか書けていないのに」といった具合です。深く入り込んで何かを書いていたら、ものすごい勢いで時間が流れます。

表層の時間が止まり、別の種類の時間が流れ始めたような感覚です。それはいわば、主観的に体験された時間、「体験的な時間」です。これが「深層の時間を生きる」ということです。

単独者として生きるというのは、表層的な時間の流れを止めて、深層の時間を生きること、深い時間の流れを生きるということでもあるのです。
モンテーニュは言っています。

「私たちは、すべてが自分のためだけにある、完全に自由になれる、小さな、人目から隠された庵を確保しなければならない。そして、そこでは本当の自由と本質的な退却と孤独とを達成できる」（『随想録』）

同様のことを、実存心理学者のクラーク・ムスターカスもこのように言います。

「安全を確保し、確固たる地位を築こうと生きてきたことが、日々の生活を化石のように生気のないものにしたと気付いた時、人は強い不安に襲われる。しかしこの時、ひとり座し、生きることの本質に想いを巡らせ、生き損なった空しさをかみしめようとする者は、自分自身と対決する。そうして初めて、人は人生の新しい意味と方向性を考える上で、何が本当に大切なのかを理解していくのである」

「周りの世界が冷たく無意味にしか感じられないような時、また、人波に呑み込まれ、その対応に忙殺させられるような時には、孤独にひとり身を任せることで人は本来の自分に帰っていくことができる。孤独にひとり身を任せることは、群居することと同じく人間本来の欲求である。隠者や孤独な思索家、孤高の精神の持ち主や世捨て人などは、現代社会においてはしばしば奇異の目で見られる。しかし、彼らは自分自身との対話を行う人々であり、それゆえ真の意味で健全な人々である」（クラーク・E・ムスターカス　片岡康・東山紘久訳『愛と孤独』創元社）

このように見ると、孤独といっても、単に一人でいる、という意味での「浅い孤独」と、深い時間の流れを生きている「深い孤独」があることがわかります。私が今「単独者として生きる」と言っているのは、「深い孤独」のことを指しています。

このことについて、ムスターカスはこう言っています。

「ひとりでいると、私たちは必要な休息を得られる。一方、孤独でいると、私たちはぎりぎりの状態に追いつめられる。ひとりの時は、私たちの体験に、展開と継続性がもたらされる。一方、孤独な時は、全体的、革新的な変化を私たちにもたらしてくれる。ひとりの時間

は人の中に帰っていく道を開いてくれるが、孤独の時間は自分に帰っていく道を開いてくれる」（前掲書）

「孤独の時間は、自分に帰っていく道を開いてくれる」というのは、本当にそうだと思います。

物理的に一人で、表層的な時間を生きているときに私たちは、他の人のことを考えたり、未来のことを空想したり、過去のことを思い出したりしています。「こんなことがあったらいいな」とか「あんなとき、こういうことがあったな」と、思いを巡らしています。けれども、「深い孤独」の状態にあるときは、今この瞬間の自分の内側に深く入り込むのです。

真に深い孤独、これを「実存的孤独」といいます。ムスターカスは、実存的な孤独とは、「この世に生まれ、激しく生き、ひとりで死んでゆくことの本質にある孤独が、実存的孤独である」と言います。いい言葉ですね。

▼単独者として生きた例

ムスターカスは、単独者として生きた例として次のような人物を挙げています。

「デカルト、ニュートン、ロック、パスカル、スピノザ、カント、ライプニッツ、ショーペンハウエル、ニーチェ、キルケゴール、ヴィトゲンシュタインらの天才的な哲学者たちは、いずれも結婚せず、人生のほとんどの時間を孤独にすごしてきた。もし、彼らが家族との関係に多くの時間とエネルギーを費やしていたら、あのような素晴らしい独自な思想世界を展開できなかったかもしれない」

一般的な基準で言うと、結婚生活や社会生活には向いていない「奇人」ばかりでしょう。現代人でいうと、例えばアップルの創始者であるスティーブ・ジョブズも単独者であり、奇人でした。

だから、本当に単独者として生きる、深い孤独を生きるというのは、言葉を変えて言うと「自分が奇人であることを喜んで生きる」ということです。奇人変人でなければ、真に革新的なことなどできないでしょう。

▼一日五分、「自分の内側と深くつながる時間」を持つことから始める

ニーチェは『人間的な、あまりに人間的な』の中で、

一日の三分の二の時間を自分のために使えていない人間は真に自由とは言えない

と言っています。しかし、起きている時間の三分の二を純粋に自分のために使えている人間なんて、この世にほとんどいないのではないでしょうか。

一日の三分の二を自分のために使うことができていない人間は精神的な奴隷状態にある、

では、「精神的な奴隷状態」から脱するには何から始めたらいいか。

まず、一日五分でもいいから「一人静寂に自分と向き合う習慣をつける」ことから始めるのがいいでしょう。朝でも夜でもかまいません。自分と向き合う時間を持つ。私自身は夜型ですから、夜のほうが絶対いいですね。ひとり眠る前に、一日五分でいいから、「今日はどんな日だったか」「今日一日、自分らしく生きることができたか」と、自分の内側の深いところに意識を下ろして思いをめぐらせるのです。ここから始めてほしいと思います。

本当は人里離れたところで一週間ぐらいリトリート（退却）して過ごせればいいでしょう。でも多くの人はリトリートに行くことができたとしてもせいぜい三日間、それも一年に一回か二回でしょう。

けれども年にたった数回、外界とのつながりのスイッチを切って、自分の内側と深くつながるようにしている、というのでは、十分ではありません。

人生における大切な決断をしなくてはならないときは、突然訪れます。そしてそんなときにこそ、内側と深くつながっている必要があるからです。突然訪れた決断の瞬間に内側から離れたままだった。内側から離れたとき、大切な決断をしてしまったので人生の流れがおかしな方向に逸れていった。自分が自分であるとわからなくなってしまった。そういう人は少なくありません。

そうした誤ちを避けるためには、一日五分でいいから、日常の中に「自分と向き合う時間」「内側と深くつながる時間」を組み込むこと。これがとても大事です。「何もしない時間」を計画的に設定するのです。

私たちは毎日、あまりにも多くの刺激にさらされ続けています。特にスマホは最大の敵です。単独者として生きるためには、外界の情報を遮断しなければいけません。

もちろん情報なしでは生きていけません。私だってスマホを使います。けれども、一日五分でもいいから①外界の情報を遮断して、②自分の内側と深くつながる時間を持つようにするのです。

▼カウンセリングやワークショップに行って「内側と深くつながる時間」を持つ

一週間に一時間だけ、「自分と向き合う時間」「自分の内側と深くつながる時間」を持つように工夫するのもいいでしょう。例えば、あるカフェのこの場所にいるとスーッと自分の中に入れる、という場所を見つけておくのです。例えば、○○町の珈琲館だったらこの席にいるとなんだか気持ちが落ち着く。そんな場所をつくっておくのです。それで、例えば木曜日の六時から七時までは「外界を遮断して、自分の内側と深くつながる時間」と決めておくのです。

実はカウンセリングにもそのような効果があります。毎週同じ曜日の同じ時間に一時間ぐらい自分のことを深く見つめながら語るのです。

今、月に二回くらい身体をほぐすためにマッサージに行っている人は少なくないと思います。同じように、月に二回くらい、自分の内側と深くつながり直す。そのためにカウンセリングの個人セッションを受けに行く、というライフスタイルがそのうち定着していくと私は思っています。都心では、すでに始めている方も少なくありません。

あるいは、月に一度、週末の二日間、心理学のワークショップに行って、深く自分の内側を見つめる時間を持つのもいいでしょう。

心理学のワークショップは、深く自分を見つめる時間、自分の内側に深く入っていく時間です。しかも、深く自分を見つめた者同士で、深く交流し語り合い、聴き合うのです。

人間は弱い生き物です。「深く自分を見つめよう」と思っていても、どうしてもスマホを見たりして気を紛らせてしまうものです。けれども、ワークショップの場に身を置いていると集団の力、グループの雰囲気に支えられて、驚くほどスーッと自分の内側に集中して深く入っていくことができるのです。

私は年に七回、二日間のワークショップを行っています（気づきと学びの心理学研究会アウエアネス　HPアドレス：morotomi.net/)。そこが心の故郷になっている人がいます。ここに来たら時がゆっくりと流れていて、真剣に自分と向き合うことができる。そういう時間を持つことができている人が結構いるのです。

アメリカで心理学のワークショップが定着したのも頷《うなず》けます。アメリカ人もやっぱり忙しい。普段は大変なスピードで生きているのですが、ワークショップではゆったりと流れる深層の時間を誰かと共に過ごす。このように自分と深く向き合い、他者とも深く交流し合う時間を持つことで、本当に内面豊かな人生を送ることができるのです。

第7章

孤独の条件

私はこの本で、一人でいる力、単独者として生きる力こそ、現代人が真に豊かな生活を送るために必要なものだという考え方を提示しました。「単独者として生きる」というあり方を提示したわけです。

単独者として生きるために何が必要か。いくつかの条件があるように思います。その条件を一二個に整理してみました。

一つ目、他者からの承認を求めないこと。他者からの承認がなくとも、確かな揺るぎない自己価値感を保つことができること。

二つ目、嫌われる勇気を持て。わかり合える人とだけ、わかり合えればいいと思えること。人から嫌われても平気な自分を確立すること。

三つ目、他者と比較する生き方をやめること。

四つ目、自分の人生の主人公であれ。自らの人生の主となり、自分の人生を自己選択すること。

五つ目、過去への囚われや未来への空想をやめよ。今、ここを生きよ。過去への囚われに思いをめぐらせたり、未来への空想で日々を生きるのをやめること。

六つ目、過去の人生パターンに別れを告げよ。

七つ目、長期的な計画に縛られるな。「とりあえず目先の三年」に全力投球する生き方をせよ。

八つ目、自分の内面を見つめて生きよ。「自分の内側」と深くつながって生きること。人生の後半は外的な達成より、内面的な充実こそ幸福の条件である。

九つ目、明日死す者のように生きよ。死はいつ到来するかわからないということを自覚した上で、日々悔いの残らないように生きること。

一〇番目、「大いなるいのちがたまたま、今、ここでは私しているだけである」ことを自覚せよ。大本の「いのち」から生まれ出て、この世で人生を生き、この世の人生が終わったらまた、大いなる「いのち」へと戻っていくのだという自覚を持って生きよ。

一一番目、「魂のミッション」を生きること。「自分の人生に与えられた使命」をまっとうすることに心を尽くせ。

一二番目、他者と深く交流する時間を持つこと。深く語り合い、深く聴き合うことが、自分の内側と深くつながって生きるための王道である。

①他者からの承認を求めないこと

一つ一つ解説を加えていきたいと思います。

一つ目、「他者からの承認を求めるのをやめよ」「揺るぎない自己価値観を確立せよ」。

日本人の多くは、承認欲求が非常に強いです。とりわけ現代のネット社会では、SNSで「いいね」を求めることで、「承認文化」がより強化されてしまっています。多くの人は、どうしたら人に承認されるかにあくせくしています。しかし、承認欲求を求めるということは、他者からの視線に縛られて生きる、ということです。承認欲求に別れを告げることができるかどうか。それが生き方の大きな分水嶺になります。

他者からの承認をたえず求め続ける生き方は、言葉を変えて言うと、他者志向的な生き方、他者中心の生き方です。人からどう見られたいのか、どのように承認を得ることができるかを、いつも意識しながら生きることになります。自分が自分の人生の中心になっていない。そうなると、自分を見失うことになります。自己喪失です。「普通」志向の生き方と言ってもいい。人から叩かれないように生きる。人から認められるように生きる。そういう生き方です。

これに囚われてしまうと、人生の自由度がかなり低くなってしまいます。人間としての尊厳もかなり低くならざるを得ない。他者からの評価に怯え続けながら生きるのは、ニーチェが言うところの、精神的な奴隷状態になっているということです。

精神的に自由に生きるためには「揺るぎない自己価値感」を確立することが不可欠です。たとえ人から認められなくても自分には価値があるという揺るぎない自己価値感を確立すること。これが、他者からの評価に怯え続けることから自由になるための第一条件です。

では、どうすれば揺るぎない自己価値感を確立することができるか。私は、二つあると思います。

一つは、自分で自分には価値があると思うことができる人生ストーリーを再選択することです。どんな年齢になっても、自分の人生を再選択するのに、遅すぎることはありません。

子どもの頃に親から愛を与えられずに育って、「私なんか価値がない」「私なんかどうせ駄目人間だ」という否定的な人生のパターンを持ってしまっている人は、少なからずいます。「いや、だからといって自分が一生その人生パターンに甘んじなければならないことはない。私は自分の人生を自分で選び直すことができる。子ども時代はたしかに恵まれなかったけれど、自分で価値のある人生を選び直し、生き直すことができる。自分で自分の人生を価値あるものとして選び直すことができる。それは誰にも阻《はば》むことができない」。こんな人生ストーリーを選択し直し、繰り返し唱えて、自分の身体に染み込ませるのです。

自分の心のパターンを変えるのは、一朝一夕にはいきません。何度も何度も繰り返し唱えて、習得していかなければなりません。

もう一つは、あなたのことを価値ある存在だと無条件で認めてくれる人の近くにできる限りいるようにすることです。

子どもの頃の養育環境で、自分には価値がないのではないかという感覚を身につけてしまった人は、往々にして、今でも自分のことを否定する人と関わっていることが多いのです。自分を粗末にしか扱ってくれない人と一緒にいると、なぜか落ち着く。それは、そうした人に馴染みがあるからです。そのために、自分を粗末に扱う人、自分を否定しそうな人のところについ寄っていき、「やっぱり私は価値がないのだ」と再確認せざるを得なくなる。そうしたことを何度も何度も繰り返してしまいます。非行少年や犯罪集団に入る人はその典型です。

「価値ある人間として生きていきたい」と人生を選び直した以上は、「自分のことを価値ある存在として認めてくれる人」と一緒に過ごすことが肝要です。

とりわけ、恋愛や結婚の相手、人生のパートナーを選ぶときには重要です。「そうだよ、あなたは価値がある存在だよ」と言ってくれる人と必ず一緒にいることです。それが新たに生き直すための要件です。

②「わかり合える人とだけ、わかり合えればいい」と覚悟を決めること

二つ目は、嫌われる勇気を持つこと、人から嫌われても平気なあり方を確立することです。「わかり合える人とだけわかり合えればいい」という覚悟を持つことです。多くの人が潜在的に、「嫌われてもいいと思えたら、どんなに楽だろう」「嫌われる勇気が欲しい」と望んでいます。

では、なぜみんな嫌われる勇気を持ちたいのか。人からの評価に怯えているからです。このような精神的な奴隷状態から解き放たれるためには、「わかり合える人とだけわかり合えればそれでいい」という決意を持つことです。そのために有効なのが、一一七ページで紹介した論理療法と、一一五ページで紹介した「ゲシュタルトの祈り」です。「私は、あなたの期待に応えるために、この世に生まれたのではない。……（中略）……あなたはあなた、私は私」という「ゲシュタルトの祈り」を、毎日三〇回大きな声で唱えるのです。私は人から

嫌われても平気だ。私は私。あなたはあなた。人は人。何度も何度も唱えているうちに、自分の心に変化が生まれてきます。

③他者との比較において生きるのをやめよ

三つ目は、他者との比較において生きるのをやめることです。人間の自己喪失の最大の原因は、生きるものさしが「他者との比較のものさし」になってしまっていることです。人と比べて勝った負けた。年収が多いか少ないか。学歴が上か下か。このようなものさしで生きている限り、単独者として生きることはできません。

他者との比較において生きるということは、相対的な価値で生きるということです。「本来自分がどうありたいか」という「本来の自分」にかかわる絶対的な価値尺度は、他者がどうあろうと揺るがないものです。一方、相対的な価値の尺度は、たまたま近くにいる他者によって左右されてしまいます。単独者として生きるためには、「自分は自分の生きたいように生きる」という決意と覚悟が必要です。

④自分の人生の主人公であれ

「自分の人生の主《あるじ》となって生きる」ということです。子どもの頃は両親の期待に応えようとして生きていかざるを得ません。それは両親の庇護の下に生きているからです。親から捨てられたら生きていけない。だから人の気持ちに応えて生きるという生き方を、どんな人間も無条件に身につけるのです。

しかし大人はもう、他者の期待に応えるように生きる必要はありません。大人になってからも、子ども時代の生き方を引きずる必要はないのです。アダルトチルドレンとか、愛着障害といわれる人の多くは、親の期待に応えられなかった子ども時代を引きずって、大人になってからも他者の期待に応えようとする生き方をやめられずにいます。

幼少期に身につけた「他者の期待に応える」という生き方に別れを告げて、自分で自分の生き方を選び直す。「自分の生きたいあり方」を自分で再選択するのです。人間というのは、絶えず自分を選びつつ生きることができる生き物です。

パウル・ティリッヒという哲学者は、Courage to be「存在する勇気」を説きました。Being is choosing 生きることは選ぶことである。人間が生きている、生きてこの世にあるということは、絶えず何かを選び続けていることなのだというのです。

例えば子ども時代を引きずりながら生きている人も、子ども時代を引きずりながら生きるという生き方を続けることを無意識のうちに、自分で「選んで」いるのです。

カウンセリングに来られる人のうち、少なからずは、半年ぐらいたって、だいぶよくなりかけてくると、急にキャンセルが多くなったり、遅刻が多くなったりします。それはなぜかと言うと、治りたいという気持ちと治りたくないという気持ちの両方があるからです。たしかにこのままではだめだと思う。早く治って、社会に復帰したい。けれど、もし治ってしまったら、社会に出なくてはいけない。厳しい現実社会で生きていくことになるのかと思うと、身がすくんでしまう。もしかしたら一生このままでいたほうがいいのではないか。そう思うから今のままの自分でいることを無意識のうちに選択してしまうのです。

この「無意識に選択している自分」を意識化することが重要です。無意識に選択している人生のパターンを認識し、無意識を意識化する。これがまずやるべきことです。二番目に、それと別れを告げること。三番目に、新たに自分がありたいような人生スタイルを再選択すること。自分で再選択して、生きたい生き方を選びとることが、精神的に自由に生きていくためには必要です。

⑤今ここを生きよ

過去への囚われや、未来への空想を生きるのをやめる、今ここを生きるということです。カウンセリングをしていると、しばしば、過去のことをずっと語り続ける人がいます。特に女性に多いのは、母親との確執を語り続ける人です。「私は子どもの頃母に愛されなかったので、未だに幸せになる方法がわからないのです」と多くの人が言います。

こうした人は、「過去に生きている人」です。今を生きることを放棄してしまっている。過去に逃避してしまっているのです。

一方、未来のことをあれこれ空想してばかりいて、全く現実に行動できない人もたくさんいます。「ああしたいな、こうしたいなと思うんです」「こんなふうになれたらいいなと思うんです」という具合に、三〇歳になっても、四〇歳になっても、場合によっては五〇歳になっても、未来への空想に逃げてしまいます。

過去への囚われに逃避したり、未来の空想に逃避している間は、自分の人生を生きることはできません。過去への囚われに逃げるのをやめること。未来への空想に逃げるのをやめること。今ここを生きること。この決意を固めることでしか、人生は変わっていきません。

ではどうすれば、過去や未来のことを考えずに今現在に集中することができるか。そのための実践的なメソッドが、禅から生まれた、マインドフルネスという瞑想法《めいそうほう》です。グーグルが企業研修で採用したことで有名になりました。

これはあるものをただそのまま認めるという、意識のあり方のトレーニング方法です。意識を今ここにだけ集中させようとしても、多くの人は、どうしても過去や未来のことを考えてしまいます。しかしその、過去や未来のことを考えたくなるということ自体は、「今」まさに起こっていることです。マインドフルネスでは、そのような心の動きをただそのまま認めます。あえて除外しようとはしない。「今、過去のことに囚われたくなっているな」「今、未来の目標に思いを寄せたい気持ちになっているな」と、その心の動きをただそのまま認めて眺めるような意識状態を保つのです。そうすると、それはおのずと去っていきます。

ポイントは、「今ここに集中しなければいけない」と思い詰めないことです。すると、執着は逆に強まってきます。むしろ、「執着したい気持ち」自体をそのまま認めることです。すると、執着はおのずと離れていきます。

⑥過去の人生パターンに別れを告げよ

六つ目は、過去の人生のパターンに別れを告げることです。

一二六ページで述べたように、愛着障害傾向という観点からすると、二つの人生パターンがあります。一つは、回避型の人生パターン。もう一つは、脱抑制型の人生パターンです。人間は何らかの人生パターンを幼少期におのずと身につけてしまいます。人間には、「ちょっと鈍感」とか「すごい敏感で繊細」といった生まれつきの素質があります。それと親の育て方や学校の先生、友達といった外部環境が相互作用する中で、何らかの特定の人生パターンが身についていくのです。

人と親密になることを回避するような「回避型の人生パターン」を身につけている人は、もう少し勇気を出して人と親密になることや、人生の冒険をすることを学ぶといいでしょう。逆に、「脱抑制型の人生パターン」を取っている人は、もう少し慎重になって人と関わっていけるようになるといいでしょう。

⑦長期的な人生計画を立てすぎない

スタンフォード大学の元教授、J・D・クランボルツは「プランド・ハップンスタンス・セオリー（Planned Happenstance Theory　計画された偶発性理論）」というキャリア心理学の理論をつくりました。「ラック・イズ・ノー・アクシデント・セオリー（Luck is no Accident Theory『あなたの幸福は偶然ではない』理論）」とも呼ばれます。

クランボルツは、大きな成功を収めたビジネスパーソンに、自身のキャリアで節目となった出来事について、①「たまたま偶然によるもの」なのか、②「計画的努力によるものか」を分類してもらうという調査を行いました。すると、実にその八割が「偶然の出来事や出会いによるもの」でした。「計画的努力によるもの」は二割しかなかったのです。

それでは、いい人生を送っている人は、結局運がいいだけではないのかと思う人もいるかもしれません。そうではないのです。いい人生を送っている人は、「人生でたまたま運ばれてくる偶然の出来事や縁に心を開いた人」「オープンマインドな姿勢を持っていた人」だったのです。

いろいろなチャンスが訪れても見逃してしまう人は少なくありません。チャンスや出会いは、どの人の人生にもそれなりに訪れています。それに対してノーと言う癖がついている人、チャンスを流してしまう癖がついている人は、なかなか人生がいい方向に展開していかないのです。

例えば、自治体が主催する婚活イベントがあったとします。ポスターを見て、ちょっと気になったけど、「こんなところに行ってもな」と思って流してしまう人もいます。逆に、そういうイベントをバカにせずに、「ちょっと面白いかも」と思って気軽に行ってみる人もいるでしょう。行ってみたら意外といい人に巡り会えて急展開を見せるかもしれません。ちょっと気になるイベントがあったら足を運んでみることで、人生の出会いや運は運ばれてくるのです。

これは仕事関係でも言えることです。例えば、あなたが五〇代で、なぜか芸能関係の仕事に誘われたとします。「芸能関係の仕事なんて私とは無縁の仕事……無理無理」と決めつけるのではなくて、「ちょっと面白いな」と思ったら、「お～面白そう」と考えてみる。そして、とりあえず「イエス」と言う。こういう生き方をしていると、いいご縁や運が運ばれてきて、人生が豊かになっていきます。

「本との出会い」も同様です。本屋でブラブラしていて、「ちょっと気になる本」をたまたま手に取ったことがきっかけで人生が変わった、後の転職につながった、という人もいるでしょう。

クランボルツがいい人生を送っている人にインタビューをすると、happen to という単語が多く語られたそうです。「たまたま～して……」という意味です。これは、この言葉を使う人は、人生は自力だけでは生きていけない、たまたま偶然のご縁や出来事に影響され助けられて私は今の人生を生きているということがよくわかっている、ということです。感謝の心、謙虚な心です。このようなオープンマインドな姿勢を持って生きることが大事なのです。

偶然の機会に心を開いて生きていくためには、下手に長期的な人生計画を立てることは妨げになります。人生から、偶然のチャンスや出来事が日々運ばれてきている。しかし長期的な人生計画をガチガチに立てすぎてしまっていると、その計画に囚われてしまって、今巡ってきているチャンスや出会いをないがしろにしてしまいがちです。

たまたま巡ってくるチャンスや出会いを大事にして生きていくためには、人生計画はせいぜい目先三年ぐらいしか立てず、それに全力投球するほうがよいでしょう。とりあえず三年全力で生きてみる。三年経ったら、また新しい計画を立てる。このような「三年更新の生き方」をおすすめします。

⑧「自分の内側」と深くつながって生きていくこと。人生の午後は、外的達成よりも、内面に目を向けよ

心理学者カール・ユングが心理療法を行っていたとき、彼の元を訪れたのは、中年期以降の人、社会的にも成功していて経済的にも恵まれている人が大半であったそうです。その方々が、ユングの元を訪れて人生の不全感を訴えたわけです。「私はたしかにそこそこ成功した人生を生きてきました。社会的にも経済的にも恵まれています。けれども、私の人生にいったいどんな意味があったのでしょうか」と。人生全体の意味を問うたわけです。

ユングは、これは「人生の午後」の大きな課題であると考えます。内面性に目を向け、人生全体の意味を問うということが、人生後半の大きな課題になると考えたのです。

現代人の場合、大まかに言うと、四〇歳くらいで人生の「正午」を迎えます。人生の「午前」、四〇歳ぐらいまでは、外的な達成が人生の課題の中心です。就職する。仕事で成功する。結婚して家庭を持つ。子どもをつくって育てる。昇進する。こうした外的な達成が、人生前半の課題です。

けれども、四〇代からは人生の「午後」に入っていきます。

私もそうでしたが、四〇代後半になると多くの人は、体力や気力の衰えを感じ始めます。よく言われるのは、徹夜ができなくなること。一日貫徹してしまうと、その後一週間ぐらいは影響が出てしまう。いわゆる馬力が落ちてくるわけです。

その一方で、経験値は豊かになり、内面的には成熟していきます。外的な達成はそこそこなし遂げてきた。子どもも育てあげたし、出世もある程度までできた。こういう方は人生の後半を生きるにあたって、外的な刺激ではなく、内面に意識を向けるようになります。自分の人生の意味は何かと問い始めるわけです。「内面に意識を向ける」ことが重要になってくるのです。

これは言い換えると、「自分の内側と深くつながって生きる」ということでもあります。「自分の内側と深くつながる」――簡単なように思えても、なかなか難しいものです。現代社会には、SNSをはじめとして、気を紛らわせるツールがあふれているからです。

そのような方に是非おすすめしたいのが、一日に五分でいいから、スマホやネットなど外的な情報を遮断して、自分の内側とつながることに専念する時間を持つ習慣をつけることです。一日に五分、寝る前、あるいは朝起きたらすぐなど、自分の得意な時間帯に実践してみてください。朝型の方は朝に、夜型の方は夜に行うといいでしょう。

あるいは、週に一時間、どこかの場所で、定期的に「自分の内側と深くつながる時間」「内側にアクセスするための時間」を持つといいでしょう。外的な刺激を遮断する時間を持つのです。パスカルは人間存在の本質は「退屈」と「気晴らし」にあると言っています。本当に真実を衝《つ》いていると思います。私たちは気を紛らわしたほうが楽なので、すぐネットをやったり、ゲームをやったり、本を読んだりしがちです。こういう外的な刺激を遮断して、自分の「内側」としっかりつながって生きていくのは、結構ハードルが高いのです。習慣化しないと、なかなか難しいと思います。

⑨明日、死す者のように生きよ

明日突然死亡してしまう。人間、誰にでもありうることです。中高年の方は特にそうです。明日というのは大袈裟《おおげさ》だとしても、一年後、三年後に死が訪れることは、決してありえないことではありません。

大切なのは、「いつ突然、死が訪れても悔いがないように生きる」ことです。まだまだ人生は残っている。そのうち何でもできる。したいことはいつでもできる。そう考えてしまうと、「何でも先延ばしする習慣」がついてしまいます。すると、たとえ一〇〇歳まで生きたとしても結局最期になって、「本当にしたいこと、すべきことはほとんどしていない」と、大きな悔いばかり残して死ぬことになりかねません。

みなさん、例えば五年前を考えたらどうでしょうか。五年前にも、「こういうことをしたい」「こういうことができたらいいな」と思っていたことは何かしらあったと思います。しかしどうでしょう。五年経った今、そのうち何％が実現できているでしょうか。おそらく、五〇％も実現できていないという方が多いのではないかと思います。

死ぬときに悔いを残さないように生きるためには、「自分は明日死ぬかもしれない」という思いを常に、心のどこかで忘れずに生きることです。

二〇一八年にヒットした『リメンバー・ミー』という映画は、メキシコの「死者の日」を題材とした作品でした。メキシコでは、「死者の日」を設けて、「メメント・モリ」（死を忘れるな）という教えを大切にします。死をいつも身近に感じることを大切にする文化なのです。

例えばメキシコの新聞を開くと、交通事故で死んだ人の死骸の写真が掲載されていることがあります。死を忘れないことを大切にするのです。一方、日本は、死を隠蔽《いんぺい》する文化です。だからこそ私たち日本人は自覚的に、一人一人が努めて死を忘れないようにしないといけないのです。

ターミナルケアの先駆者であるエリザベス・キューブラー゠ロスが、死の看取りをしていた際の次のようなエピソードがあります。彼女が看取りをしたある人は、海が大好きで、海の近くにわざわざ家を建てて住んでいました。この人が死ぬ直前になって「もう一度海が見たい」と言ったというのです。キューブラー゠ロスが「あなたはいつも海を見ながら生きてたんじゃないですか」と訊くと、次のように答えたそうです。

「たしかに私は海の近くに住んでいたはずです。けれども、海なんかいつでも見られると思ってしまっていたので、心を込めて海を見たことは一度もなかったかもしれません。死ぬ前になって、今度こそもう一度海を見たい、今度は心を込めてしみじみ味わいながら海を見たい。それが私の人生でし残したことです」

これは大きな教訓だと思います。日々やっているつもりでも、実はしていないということが、往々にしてあるのではないでしょうか。

「そのうちしよう」「そのうちできる」と思っていることがあるのであれば、「心を込めて今すぐする」ようにしたいものです。そうしないと、あるとき死が突然訪れて、永遠にできなくなることがありうるわけですから。

人間は錯覚の生き物です。自分は永遠に生きるという前提で物事を考えてしまいがちなところがあります。しかし、人間は日々衰えます。「そのうちしたい」と思っていることがあるならば、今すぐする。前倒しにしてどんどん取り組む。そのように心がけて生きていきたいものです。

⑩「いのちが私している」という自覚

自分は本来「いのちの働き」そのものなのであって、「大いなるいのち」から、たまたまこの世に送られてきているのだ。そういう自覚を持って生きることです。私は生まれる前は「いのち」そのものであって、死ねばまた「いのち」そのものに帰っていく。むしろ、私が今「私である」と思っている私は仮の姿であって、実は、今も、私は、「いのち」そのものである。すなわち、死んだ後にある「向こう側の世界」から、たまたま今このとき、この世に送られてきているだけである。このように自分の存在がどこから来てどこに行くのかを感じながら生きることが、逆説的に、日々この瞬間を心を込めて生きるということにつながります。

私たちは、気づいたときにはすでに生まれていました。では、生まれる前はどうだったのか。「大いなる、いのちの働き」の一部であった。「いのち」を「宇宙」と言い換えてもいいでしょう。この「いのち」が、たまたまこのとき、この世で、この日本という国で、この私、「諸富祥彦」という形を取っているのです。もしかしたら鳥になっていたかもしれないし、蜘蛛《くも》になっていたかもしれない。あるいは、別の人間だったかもしれません。

そして、「諸富祥彦という人間」としてのいのちは、せいぜい数十年。あっという間です。このあっという間の「この世でのいのち」を終えたら、また大いなる〝見えない世界〟に帰っていくのです。

ですからむしろ、ほんの一時、この世で「この私」という形を取って生きているということ自体が、非常事態。「奇跡」に近いことなのです。この見える世界で、「諸富祥彦」という人間の形を取っているのは、ほんの一瞬です。そこから離れていくと、「大いなるいのち」の見えない世界に帰っていくのです。この世界のこの時間に、たまたま私が諸富祥彦という人間の形を取って生きているということは、本当に奇跡だと思います。

この世で人間として生きている、ということ自体、奇跡である。自分は今、「奇跡の瞬間」を生きているのだという自覚を持って、日々、一瞬一瞬心を込めて生きることが大切なのです。

⑪魂のミッションを生きよ

私たちが心を深く満たして生きるためには、自分の人生に与えられた「使命」を日々、まっとうしているという感覚が不可欠です。アブラハム・マズローは、最高の人格の持ち主にはいくつかの共通の特徴があることを見出しました。

なかでも重要な特徴が二つあります。一つは、孤独の時間を享受していること。最高の人格は、一人で自分を見つめる時間を必要としています。質のいい人生を生きるためには、一人の時間、一人になって自分の内側と深くつながる時間を持つことが不可欠です。

もう一つの特徴は、自分の人生に与えられた使命をまっとうしているという感覚を持っていることです。自分についてはもうあまり関心がない。社会から認められている、認められていないといったことにも、ほとんど関心がない。そういう段階は、もうとっくに超越している。むしろ我を忘れて、自分の使命・天命に没頭している。心からの満足はそこにあるのです。

人生で真に幸福な人とそうでない人の大きな分かれ目は、「我を忘れて日々没頭できるような何か」＝これが自分の「人生の使命」だと思える何かを見つけられているかどうかにあります。それが生業でできていれば本当に理想的な人生と言えるでしょう。自分の使命・天命を見つけて、それを生業として生きることができたら、人生の幸福の九割は約束されたようなものです。

自分の人生の使命、自分の人生に与えられたミッションのために生きるということより

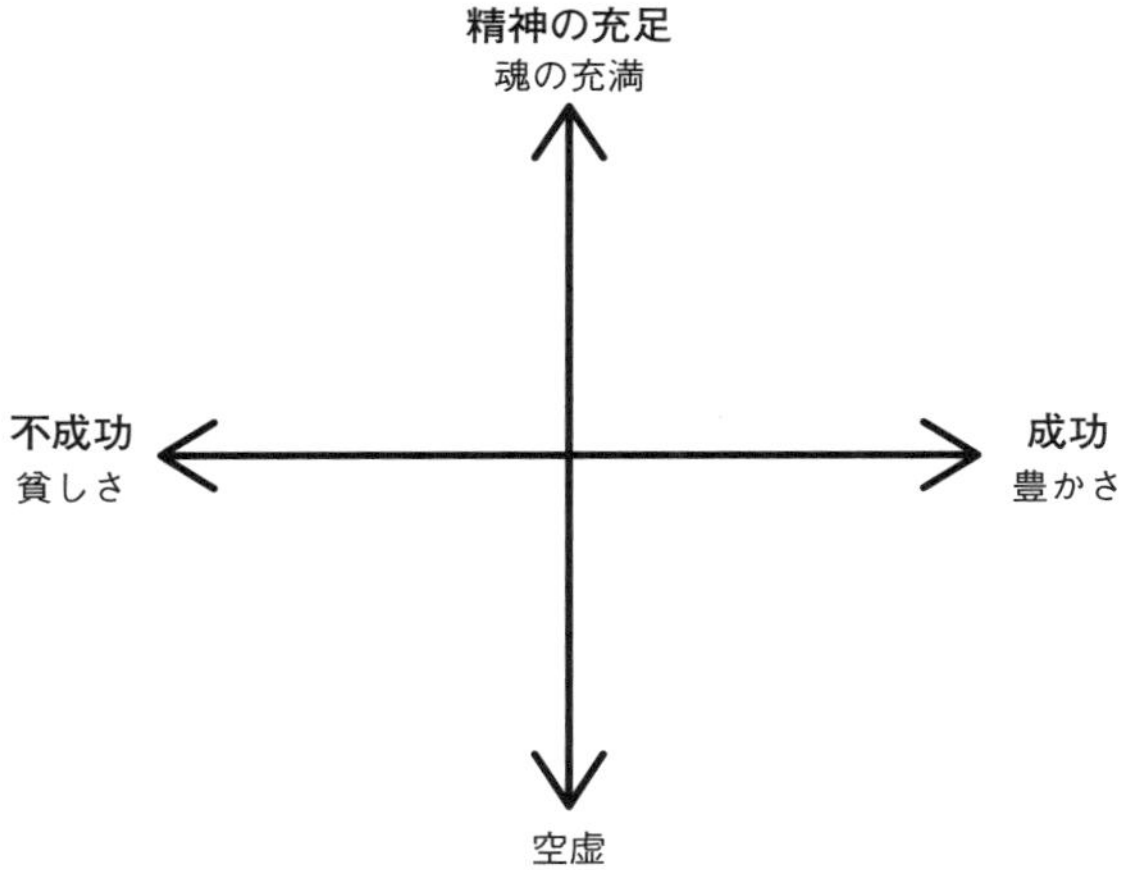

も、人生の幸福にとって重要なものは何一つないと思います。これに比べたら、金銭的に裕福かどうかなどは、幸福にとって本当に小さな取るに足らないことです。

フランクルはこのことについて、人生の横軸と縦軸を交差させて考えます。

横軸は、成功、不成功という尺度です。あるいは経済的に豊かか、貧しいかという尺度です。これらは、人生の水平次元の価値のものさしです。私たちは多くの場合、あいつより俺のほうが裕福だとか、あいつより俺のほうが成功しているというふうに自分の人生を他者と比較しがちです。しかし他者と自分を比較する相対的な価値ものさしで生きているうちは、本当の幸福は手に入りません。

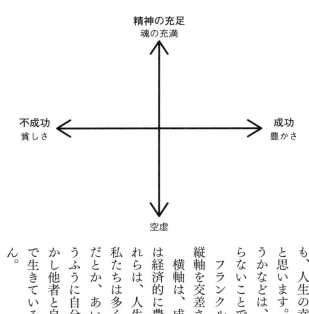

真の幸福に必要なのは、むしろ、垂直の次元を生きることだとフランクルは言います。垂直の次元とは、「精神の充足と空虚」「魂の充満と空虚」というものさしです。内面性の次元です。「精神性の高さ」とか「魂を深く充《み》たして生きる」という次元を大切にして生きていくことが、真の意味での幸福を得るためには不可欠なのです。人生のものさしを「水平次元」中心のものさしから「垂直次元」中心のものさしに変えることが、真の幸福を得るためには必要なのです。

そうすると、成功しているかどうか、経済的に豊かかどうかよりも、自分の人生に与えられた使命・天命、魂のミッションに日々没頭して生きることができているかということのほうが重要になってきます。

私は、どんな人の人生にも、「使命」が与えられていると考えています。どんな人のどんな魂も、この世に下りてくるときに、あるミッションを刻印され、この世で一定の期間を過ごし、そして、また見えない世界へと帰って行くのだと思います。自分がこの人生でなすべきこと、本当に果たすべきことを見出して生きることほど大事なことはないのです。

では、人はいかにして自分の魂のミッションに目覚めることができるのでしょうか。その大きな特徴は、「発見即想起」です。多くの人がこう言います。私は人生で本当にすべきことをようやく発見しました。「けれども」と言うのです。どこか、深いところでは、私が本当にすべきことはこれだということを以前から知っていたような気がするのです。そのことを今「思い出した」ような感覚があると言うのです。

これが「発見即想起」です。新たなことを発見した――人生で果たすべき使命を発見したという感覚があると同時に、どこか深いところではそのことを以前から知っていて、今思い出したという「発見即想起」の感覚があること。これが魂のミッションを見出したときの感覚なのです。

⑫他者と深く交流して生きる

この本では、「単独者として生きる」ことの大切さを繰り返し伝えてきました。けれども多くの人は、ただ一人で生きるだけだとなかなかしんどくなります。さみしさのあまり、お酒やギャンブルなどに依存的になる人も少なくありません。

ではどうすればいいのか。大切なのは、しがらみは断つ、けれども深い交流は保つ、ということです。

多くの人に気に入られるように、気を遣い続ける他者志向的生き方はやめたほうがいい。

これが「しがらみを断つ」ということです。そのためには、人から嫌われても揺るがない自己価値感を確立することが必要です。

けれども人間は、どこか心の深いところで他者とふれ合う感覚を求める生き物です。少数でいいのです。ほんの二、三人、何なら一人でもいいので、「この人と本当に深いところでつながっている」と思える人がいることが望ましい。友人、恋人、パートナー、誰でもいいのです。深いところでわかり合える人を二、三人持つ。そうした人がいないと、どこか人間の心は持たないところがあると思います。

ごく少数の親密な他者との深いつながりは、「単独者として生きる＝深い孤独を生きる」ために、欠くことのできないものです。他者との深いつながりに支えられはじめて、深い、真の孤独は可能になる。孤独にはそうした逆説的な面があります。

では、そういう人がいない場合は、どうすればいいのでしょう。表面的につき合う人はたくさんいるけど、本当に深いところで交流できる人は誰もいないと感じた場合です。

おすすめしたいことの一つ目は、一五五ページでも述べましたが、心理学のワークショップに参加することです。

心理学のワークショップでは、自分の生き方を深く見つめて、他者と深く語り合い、聴き合います。自分を深く見つめて、人生の気づきを得る。そして、日常生活と離れた場所で、そこでしか会わない人と深く交流し合うのです。

日常生活だと、どうしても気を遣います。「こんなことを言ったらどう思われるだろう」と気になってしまいます。心理学のワークショップには、安心して腹を割って深く交流し合える人が集まってきます。自分の気持ちに深く触れながら、深いところで交流し合える人がいるという安心感があります。

私の主催する「気づきと学びの心理学研究会アウエアネス（ＨＰアドレス：morotomi.net/)」では年に七回、週末二日間のワークショップを行っています。ここに来ることで精神的な活力を得られて日々頑張ることができるという方がいらっしゃいます。非日常的な、そこでしか会わない人だからこそ、本当の意味で純粋な深い結びつきを得ることができるのです。

二つ目におすすめなのが、カウンセリングの個人セッションを受けることです。カウンセラーは深く交流することのプロです。たとえあなたが人と親密な関係を持つことが苦手な人であっても、プロのカウンセラーはうまくチューニングして波長を合わせてくれるはずです。

多くの人は、「カウンセリングは心の病の治療のために行くところ」だと誤解しています。カウンセリングの個人セッションは、自分の人生を深く見つめ、自分の内側と深くつながる時間を持つことで人生の自己点検をする場です。「私の人生、本当にこれでいいのかな」「何か大事なことを忘れていないかな」というように、自分の内面を深く見つめて自己吟味する場なのです。

だから本当は、それは、心豊かに生きたい中高年にこそ必要なものです。「本当に私の生き方はこれでいいのかな」という不全感が生まれたときに、カウンセリングに行くといいのです。またそうでなくても（月に一、二回マッサージに行って身体をほぐすのと似たような感覚で）月に一、二回くらい、個人セッションを受けて、自分の内面を見つめ、人生の自己点検の機会を持つといいと思います。それが、真に豊かな人生を送るためには有益だからです。

真に豊かな人生を生きたいと願う中高年の方が、月に一、二回、カウンセリングの個人セッションを受ける。それがごく当たり前の時代にもうすぐなると思います。

ユング心理学の元型派の一人、トーマス・ムーアはこんなふうに言っています。カウンセリングの場で、セラピストとクライアントの二人の間に真の親密さ、深い友情のようなものが芽生えたときに、人生の変化は生じる、と。

私にもそんな実感があります。本当に深い、親密な関係ができた。ある意味で、魂の深いレベルでつながり合えた。そのような感覚が芽生えたときに、クライアントとセラピストの双方に変化が生じるのだと思います。

第8章

マイスペース、マイタイム

▼カウンセリングとは「自分の内側と、深くつながり直す時間」

カウンセリングに関する誤解で多いものの一つは、「カウンセリングというのは、カウンセラーの先生から人生のアドバイスをもらう場だ」というもの。もう一つは、「カウンセリングは心の病気を治療してもらう場所だ」というものです。

そうではなく、カウンセリングとは本来、「自分の内側と深くつながり直す時間」「自分の内面を深く見つめるための場」です。カウンセラーは、そのお手伝いをするプロなのです。

カウンセリングは、通常は週に一回から二回程度、あるいは、純粋に「自分を見つめる」ことを目的に来られる場合は月に一回程度、定期的に行われます。決まった時間に、決まった場所で行われて、時間きっかりに終わります。延長はしません。クライアントの方は、その時間に、自分の内面を見つめながら語るのです。この「決まった時間に、決まった場所で」というのが重要なのです。大事なのは、決まった時間に、決まった場所で、そこでしか会わない、ということです。

決まった場所で、定期的に、五〇分間自分を見つめながら語る。この「決まった時間・場所」を設定することが、カウンセリングで変化が起こる最大の理由です。

いました。それならば、一人でやっても同じじゃないかと思うかもしれません。でも、そうではないのです。

　みなさん、最近集中して自分を見つめたことが何分、あるでしょうか。五〇分間しっかり自分の内面に意識を向けて見つめたという人は、果たしてどれくらいいるでしょうか。ほとんどいないのではと思います。私たちはすぐネットを見たり、スマホをいじったり、本や新聞を読んだり、テレビを見たり、ゲームをしたりして気を紛らわせてしまいます。五〇分間真剣に内面に意識を集中して、自分の深いところに意識をとどめ置いて語るなどということは、一人ではなかなかできるものではありません。

　けれども、カウンセラーという、真剣に傾聴してくれる人、真剣に内面に意識を向けて聴いてくれる人がいると、自分をごまかして表面的な話をすることはできなくなってしまいます。クライアントも、だんだん自分の内面に集中して意識を向けていくようになるのです。そしてやがて、自分の内面に意識を五〇分間集中し続けることができるようになります。自分の内側と深くつながり直して、人生の点検作業を行うようになるのです。これがカウンセリングです。これができるようになると、ふっとある言葉が浮かんできたりして、今の自分にとって大事な気づきが得られたりします。

つまり、五〇分なら五〇分、内面に意識を集中し続けて語ることが、とても大事なのです。すると新たな気づきが生まれて、生き方の修正が行われます。

先ほど、カウンセリングは自己点検の時間であると言いました。自分の内側に意識を向けてとどめ置き、集中して自分を見つめていると、「最近の私おかしかったな」「本来の私のあり方とちょっとずれていたな」と気づくのです。すると、自分のあり方、生き方を修正することができます。そして、本来の自分を取り戻すことができる。これがカウンセリングの大きな意味です。カウンセリングとはこのように、真に自分と向き合う場、自分の内側と深くつながり直す場なのです。

言い換えれば、カウンセリングの時間とは、「より深く、一人になる時間」です。

表面的には、カウンセラーとクライアントという二人の人がいます。カウンセラーが、内面の深いところにびしっと意識を集中して聴いてくれる「深い傾聴」ができるカウンセラーだったとしましょう。そうすると、相談に行った人も、自分の内側に意識をとどめ置いて、集中して自分の内面を見つめながら語ることができます。すると新たな気づきが生まれます。自分の本来のあり方や生き方を取り戻すことができるのです。これを一回五〇分、月に一回とか二回、定期的に行うことで、本来の自分を取り戻していく。真の意味で自己自身になっていくのです。

▼「マイスペース」を持つ

では、カウンセリングやワークショップに行かないとそれは不可能なのかと言うと、そんなことはありません。「この場所なら自分の内面を見つめることができる」という「マイスペース」を見つけること、さらに定期的に自分の内側とつながる「マイタイム」を持つのを習慣化することがおすすめです。

身近なところで言うと、カフェです。例えば同じスターバックスでも、〇〇町のスターバックスの、二階のこのポジションがいい。この席だと、なぜか気持ちが落ち着いて、自分の内面に意識が向かいやすい。そうした場所を見つけておくのです。週に一回一時間、その席に座ってボーッとすると決めておくのです。それだけで意識が深く内面に向いていくことがあります。

「ここにいるだけで、意識が深まっていく。内側に意識が向いていく」と感じられるような、いい場所を見つけられたら、いいカウンセラーを見つけたのと同じぐらい大きな人生の財産になります。

もちろんカフェでなくてもかまいません。バーでもいいです。このカウンターバーにいて、ここで飲んでいると、意識がとろんとして、結構内面の深いところに入っていって、自由に連想が広がるな、というような場所を持っておくのはとてもおすすめです。

私の場合でいうと、東京ドームホテルの一番上の階に、ラウンジバーがあります。そこにちょっと気が向いたときに一人で行って、カクテルなんか飲みながら、ボーッと過ごすととてもいいんです。夕日があり、観覧車があり、ジェットコースターが走っている。丸ノ内線と中央線と総武線が通っている。つまり、軽いノイズがあって、微妙に変化していくわけです。こういう場所が、一番内面に深く入りやすい。よく「f分の一ゆらぎ」といいますが、そのことも関連しているのかもしれません。

自分の好きな川や湖、海に行ってボーッとするのもいい。多少の揺らぎがあって自分の深いところに入っていきやすいです。

ノイズという意味では、雑踏が見える場所もおすすめです。例えば渋谷のスクランブル交差点あたりの喫茶店。そこで渋谷の雑踏をボーッと見る。雑踏は、ある意味「f分の一ゆらぎ」です。雑踏を見ながらボーッとしてると、ある瞬間にパッと気づくことがあります。逆に何の刺激もない密室でじっとしていると、表面的なことをあれこれ考えてしまいがちです。何の刺激もない場所よりも、多少の刺激やノイズがあるところのほうが、深い意識に入っていきやすい。

自然の中もいいでしょう。車やバイクに乗って少し遠出するのもおすすめです。自然の中でボーッとしていると、やはり意識が深く入っていきやすいです。

最後に、いわゆるパワースポット。神社やお寺など、さまざまなパワースポットがあります。私は伊勢神宮が好きで、年に一度ぐらいは行っています。

特に、内宮《ないくう》です。夕方にゆっくり、一人で散歩するのが好きです。朝方行くと人が多すぎますが、夕方だと結構人が少ないのです。夕日の中、御幌《みとばり》（内宮の御正宮にある白い布）がひらひらと舞うのを見ながらお参りするのが好きです。

戸隠《とがくし》も大好きです。戸隠も結構意識が深まりやすい。ただ最近は少し張りつめた感じが薄れてしまった印象があります。

東京だと、神楽坂にある赤城神社によく行きます。新国立競技場を設計した隈研吾《くまけんご》さんがプロデュースした都心の神社で、神楽坂の一番上に建つ神社です。夕方に行くと、都会の色気が感じられる神社です。

なかなかそういう場所が見つからないとか、移動が難しい人であれば、自宅や仕事場の中でそういう空間を見つけるのがおすすめです。例えば、自宅のトイレにいると落ち着く、という人は少なくないと思います。家の中でいうと、ベランダも一つの候補になりそうです。

会社の中にもそういう場所があるといいですね。そういう場所があるオフィスのほうが、社員のクリエイティビティ、イマジネーションが高まり、組織の生産性も上がるかもしれません。

自然の中でもいい。近くのカフェでもいい。バーやラウンジでもいい。家の中でもいい。そこにいるとスッと気持ちが落ち着く、自分の内側に深く入れるという場所を見つけてください。そこに定期的に足を運んで「自分の内側と深くつながる習慣」を持つこと。それが、自分の力で自分を取り戻すことができる、最も効果的な方法だと思います。

第9章

フォーカシング

自分の内側と深くつながる方法

▼フォーカシングとは

フォーカシングとは、自分の内側とつながって、心の声を聴いていく、その方法をユージン・ジェンドリンが体系化したものです。世界各国で実践されており、日本でもかなり普及しています。

開発者のジェンドリンは、カール・ロジャーズという現代カウンセリングの礎を築いた人の弟子にあたります。ロジャーズは深い、真実の傾聴によるカウンセリングを世界に広めた人です。カウンセラーが深く意識を集中してクライアントの内側の声を聴いていると、クライアントのほうも自分の内側深くに意識が集中し、そこにとどまるようになります。こうした深い傾聴によるカウンセリングのスタイルをつくったのが、ロジャーズです。

ジェンドリンは、恩師のロジャーズがそういうカウンセリングをしているのを目《ま》の当たりにしました。「生の体験はいかにして象徴化されるか」というテーマに取り組んでいた哲学専攻の大学院生だったジェンドリンは、自分が研究していたことがまさに今目の前で起きていることに興奮を覚えました。そこでロジャーズに弟子入りして、心理療法家となったのです。

ロジャーズとジェンドリンらの共同研究の中で、成功し深まったカウンセリングにおいては、クライアントの内面で次のようなことが起きていることがわかりました。成功したカウンセリングにおいては、相談に来られたクライアントの方が、自分の内側深くに意識をとどめ置きながら話をしていると、さまざまな気づきが得られ、生き方の微修正が行われていったのです。この現象に目を向けて、これを技法化したのがフォーカシングです。

フォーカシングは、多様な場面で有効です。例えば「自分はこれからどう生きていったらいいか」定かでなく、自分の深いところでそれを確かめたいとき、あるいは例えば、「交際中の男性とこれからどうしていきたいのか、結婚したいのかしたくないのか」定かでなく、それを自分の深いところで確かめたいとき、あるいは例えば、「自分は転職したいのか、したくないのか」あるいは「部署内で異動したいのか否か」定かでなく、それを自分の深いところで確かめたいとき——このように、自分が本当はどうしたいのか、どの方向に進みたいのか定かでなく、それを自分自身の内側の深いところに降りていってそこで確かめたいあらゆるときに、フォーカシングは有効です。そして、自分の内側の深いところにとどまっていると、内側から、ふと答えが与えられてくるのです。

▼「自分の内側とのつき合い方」は四つある

フォーカシングではまず、「自分の内側の感じ」、例えば自分の内側にある「ちょっと違うという感じ＝微細な違和感」に注目します。この感じのことを、フェルトセンスと呼びます。

図の①はフェルトセンスを自分から切り離して、分離分断しています。自分の内側の声なんか聴いていられないという状態です。多忙なビジネスパーソンに多いかもしれません。特に営業などをやっていて、会社の商品を売っているけれど、本当はあまりいいと思っていない。そんなことをいちいち感じているととても営業なんかできないという人もいると思います。心理学の勉強会に来る方の中にも、四〇代、五〇代の男性に、「フォーカシングは難しいですよ」と言う人がいます。①の状態に慣れっこになっているのです。自分の内側を感じないことを前提に、仕事をしている。内側を感じないこと、自分の内側を自分から切り離していることに慣れっこになっているのです。するとなかなか自分の内側とつながれなくなってしまう。

図の④は、逆に、女性の方に結構多いんですけれども、いつも「悲しみ」「怒り」「さみしさ」などにどっぷり浸っている状態です。「私駄目なんです」といつもしくしく泣いたり、

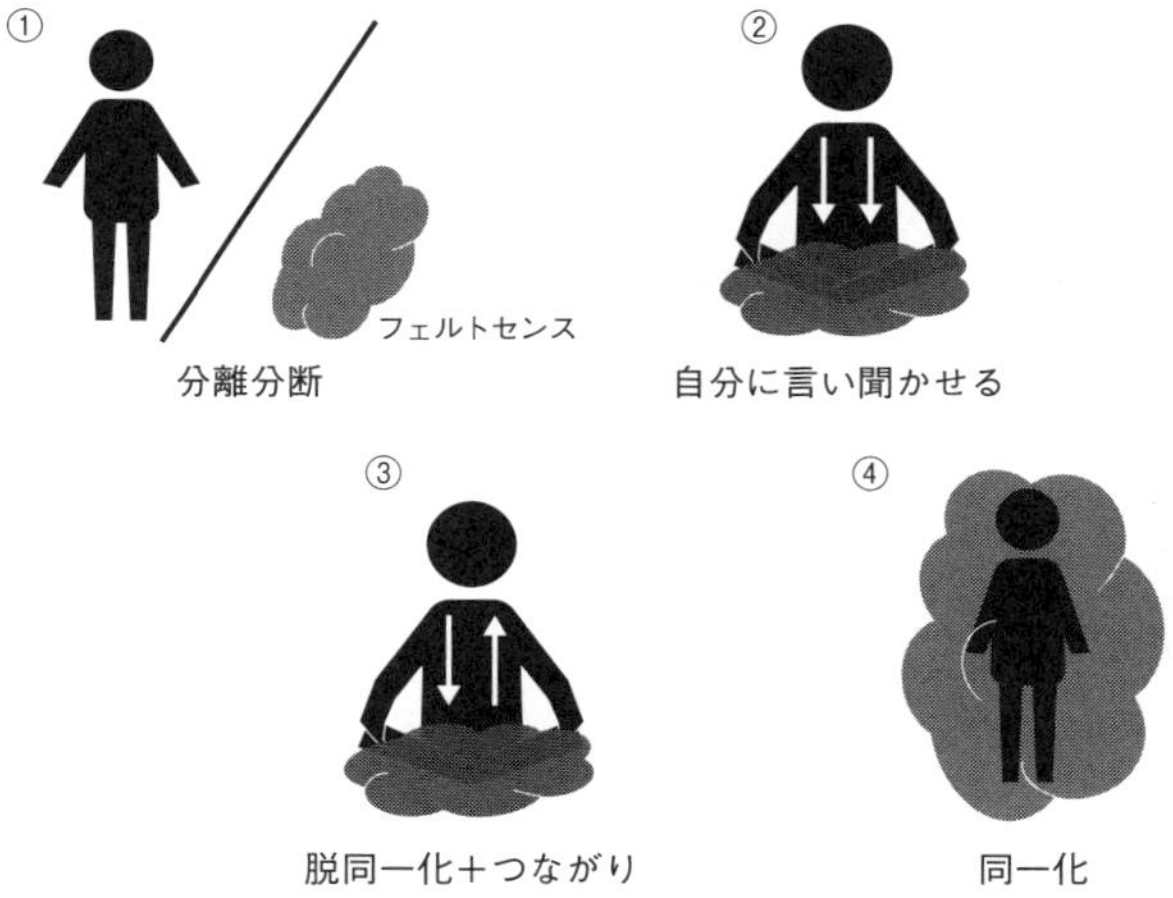

「もう頭にきた」と怒っていたり、感情に振り回されている状態です。これは「同一化」といいます。「悲しみ温泉」につかっているかのような状態です。これらは、フォーカシングではありません。

図の②は、「自分に言い聞かせている」状態です。「もっと強くならなきゃ」「もっと自分を大切にしなきゃ」などと、たえず自分に何かを言い聞かせて説教しているような状態です。これをやっている人は、結構多い。しかし、これをしている間は、自己受容には一生到達しません。「完璧主義の人」などまさにこれです。「もっと私はできるはず」「もっと私はできるはず」と絶えず自分に言い聞かせていて、永遠に自分の目標に到達できない。空回りしている状態です。絶えず自分にだめ出しをしている。

子どもと大人の関係に喩えるとわかりやすいと思います。例えば、目の前で、五歳の子どもがどうしていいかわからなくて、立ち尽くしているとします。子どもに、「おい、そこの坊主何をやってるんだ、お前!!」と言ってしまえば、子どもはビクビクして何も言えなくなってしまうでしょう。これと同じことを自分自身にやってしまっているのです。

真面目な人は、つい、自分にだめ出しをする。「お前ちゃんとしろよ」「言いたいことがあるなら言えよ」……。何かを言い聞かせるということが習慣になっている人はとても多いのです。読書をしている人や向上心の強い人に、こういうタイプの人が多いです。これをやめる。「自分に何かを言い聞かせる」のをやめるのです。

望ましいのは③で、これがフォーカシングです。先ほどの子どもの例でいうと、困っている子どもがいるとしたら、その子の目線に合わせて、「僕どうしちゃったのかな?」とやさしく問いかける。そして、子どもが何かを語り始めるのを「待つ」。これを自分自身に対してするのです。

自分自身に対して、例えば「なんか最近の私ちょっと変だよね。どうしちゃったのかな?」とやさしく問いかけます。そして、内側から答えが返ってくるのを「待つ」のです。まず、「自分に何か言い聞かせる」のをストップする。そして、自分の内側にやさしく問いかける。そして、答えが返ってくるのを待つ。このようにして、自分の内側と深くつながって、内側の声を聴いていくのが、フォーカシングです。

これは「脱同一化＋つながり」です。④の「同一化」の場合、心にゆとりがなく、「なんか私、おかしい！」という違和感のみに同一化してしまっています。③のフォーカシングではそうではなくて、「私はここ。違和感はそこ」というふうに、「私」と「違和感」が区別されている。つまり、同一化の状態から脱することができている。そして、「自分の内側の感じ」とほどよい距離を保ちながらちゃんとつながることができているのです。

▼フォーカシングの第一段階：「心の一時停止ボタン」を押す

では、フォーカシングの具体的なやり方について説明したいと思います。

一番目、「心の一時停止ボタン」を押す。私たちは忙しいです。「ああしなきゃ」「こうしなきゃ」と、常にあれこれ考えています。そして多くの人は、「もっとこうしなきゃ」「ああしなきゃ」と、自分自身に何かを言い聞かせています。先ほどの図の②の状態ですね。

例えば、頑張らなくてはいけないときに「頑張るぞ、気合いを入れるぞ」と自分に言い聞かせる。これは、大事なことです。ただ、いつもそればかりだと自分の内側は切り離されてしまいます（①になる）。

フォーカシングでは、「自分に何かを言い聞かせている心の状態」に一時停止ボタン（ストップ！）を押します。静かな時間をつくるのです。一時停止、「ポーズ」ですね。

▼フォーカシングの第二段階：脱同一化

第二段階は、脱同一化です。自分の内側を見つめて、何が出てきても「ただそのまま、認める、眺める」をしていきます。内側からどんな「感じ」が出てきても、あれこれ考えていじらずに、ただボーッと眺める。ただそのまま認める。

今、流行しているマインドフルネスという心理技法は、この脱同一化を徹底反復していくものです。フォーカシングではこの作業を「クリアリング・ア・スペース」といいます。「スペースをつくる」「間をつくる」。軽い瞑想状態になって、ボーッとしながら、「何が出てきても、ただそのまま認める・眺める」を続けます。これが真の自己受容につながります。

いわゆるポジティブシンキングとはまるで違います。ポジティブシンキングでは、例えば自分に向かって「あなたには、いいところがありますよ！」などと語りかけます。言葉の内容はポジティブですが、心の内側で行われていることは、図の②「自分に何かを言い聞かせ

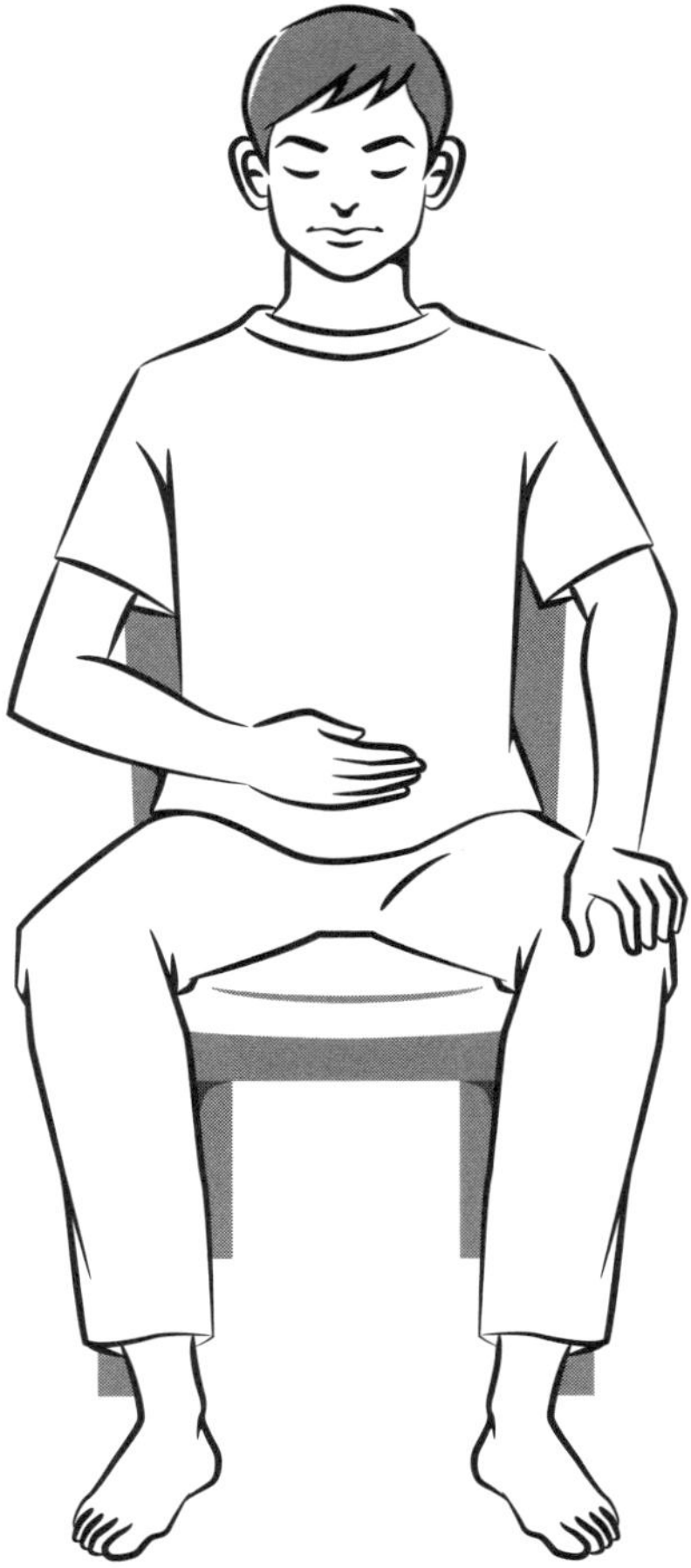

フォーカシングはこのように、自分の内側に意識を集中し続けながら、行っていきます

る」です。

一方、脱同一化の過程では、「まだまだ駄目なところがあるな」「なんで私はこんなに駄目なんだろう」といった感じが出てきても否定しません。「それでいいのだ」と肯定もしません。むしろ、「あ〜、自分にはこんなところがあると思っている自分がいるな」「駄目だと思っている自分がいるな」というふうに、そこに出てきたものをただそのまま認める、眺める。○をつけたり、×をつけたりしない。どんなネガティブな考え方、例えば「僕なんか生きている値打ちはない」「ほとんど生ゴミ同然だ」などといった気持ちが湧いてきても否定しない。肯定もしない。ただそのまま「自分のことを生ゴミみたいに思えている感じがあるんだな」とそのまま認めて眺めます。分析もせず、原因追及もしません。何が出てきても、ただそのまま認めて眺める。一定の距離を保ちます。

▼フォーカシングの第三段階「答えが返ってくるのを待つ」／第四段階：「内側に響かせて確かめる。よりしっくりくるものを探す」

第三段階は、「自分の内側にやさしく問いかけて、答えが返ってくるのを待つ」です。先ほどの男の子に、「僕どうしちゃったのかな？」と聞いて、答えが返ってくるのをしんぼう強く「待つ」のと同じです。自分の内側のさまざまな〝感じ〟に問いかけて、答えが返ってくるのを待ちます。答えが返ってきたら、それを受けとめて、何度も「内側の感じ（フェルトセンス）」に響かせます。そして、よりピタッとくるものが現れたら、それに修正します。これが第四段階です。

例えば第三段階で、「最近の私、どんな感じかな？」と内側に問いかけたとしましょう。そして「何にも夢中になれていない」と答えが返ってきたとします。それをそのまま受け止めて、内側に響かせます。内側に響かせていると、「前はよく、無心でボーッと釣りをしていた。あれ、よかったな。最近ああいうことをやってないな。もう一回釣りをやってみたら、自分らしい自分に戻れるかも」と気づいたりします。

あるいは、次のような展開になるかもしれません。「あ〜、釣りよりも文章を書くことかもしれない。前は日記を書いていた。日記を書いて読み直しているうちに、最近の自分変かもとか思ったりしていた。最近忙しいことを言い訳に、日記全然書いてなかったな。三日にいっぺんでいいから日記をまた書こうかな」といった具合です。

こうやって「何が今の自分に一番必要なことなのかな」と内側に問いかけて、ピタッとした答えが返ってくるまで、何度も何度も内側に戻して響かせ響かせして確かめるのです。そして、答えが返ってくるのを待ちます。これがフォーカシングです。

本を読んだだけでは難しいという方は、全国でフォーカシングの研修会が行われているので、参加してみるといいでしょう。私の主催する気づきと学びの心理学研究会アウエアネス(morotomi.net/)でも、毎年九月と一〇月に行っています。一回でも研修会に参加して、「こうやってやっていくんだ」と学ばれたら、あとは一人でもできると思います。

▼カフェでフォーカシング

フォーカシングの具体例をさらに挙げてみましょう。ある日、スターバックスの二階のマイスペースでフォーカシングをしているとします。「今の自分には、何かが足りない」というテーマについて内側に問いかけてみます。

①まず、「心の一時停止ボタン」を押して、普段の心の動きにストップをかけます。②次に、「今の自分には、一体何が足りないのかな?」と内側に問いかけます。「う〜ん、最近、飲み会行っていないのかも」「恋をしていないのかも」……いろいろ浮かんできます。「何が出てきても、ただそのまま認める眺める」態度を取ります。いろんなことが浮かんできても

それを分析したりなどせずに、ただそのまま認め眺めます。

③「内側の感じ」に問いかけます。「一体、今の自分に本当に足りないのは何なのかな」――そのように自分の内側に問いかけて、答えがふっと浮かんでくるのを待ちます。

このあたりは魚釣りと似ています。魚釣りも、ボーッと待っています。アタリがきたら、釣り竿をグッと引きあげる。フォーカシングも、同じように、ボーッと魚釣りをしているような状態で何かが浮かんでくるのを「待つ」のです。

④ふと浮かんできた「答え」について「本当にそれかな」と内側に響かせて確かめます。内側に何度も何度も響かせながら、ピタッとした答えが得られるまで修正します。「何かを集めたい」はピッタリきた。でも、切手じゃないな。何だろう。何を集めたいんだろう。何を本当は集めたいのかな……。子どもの頃に集めた仮面ライダーカードが浮かんでくるかもしれません。そして、もう一度仮面ライダーカードを集め始めるかもしれません。うきうきするからです。これでいいんです。傍から見たらどんなにばかばかしいことでも、自分の心が本当に満たされるためにやるべきことをこの方法で見つけていくのです。

▼転職するかどうかのフォーカシング

「転職」をテーマにフォーカシングをしてみたとしましょう。

①いつもだったら、「年収これぐらい必要だしな」とか、「子どもがこれから大学行くからな」とか、条件面についてあれこれ考えてそこから先に進めなくなります。こうした通常の心の動きにストップをかけて、自分の心の声を聴ける状態にします。

②いろいろなことが浮かんできます。自分に向いている仕事は何だろう。本当にしたいことは、もしかしたら出版関係かな、広告関係かな……といった具合にです。そのままボーッとして、「何が出てきても、ただそのまま認める眺める」をします。

③内側に問いかけて、答えが返ってくるのを待ちます。「本当に俺、転職したいのかな。今ちょっと迷い始めているのかな。どんな仕事をしたいのかな」……。するとこれまでは、「自分には人と接する仕事はあまり向いていない」と思って、営業的なことを避けてきた。だけど本当は人と接するのが好きだと最近気づき始めた。「あ〜、俺もっと人と接したいんだ」。ふとこんな気づきを得られたら、営業の仕事に転職したいと思うかもしれません。

そうしたら、④「本当に営業でいいのかな」と内側に響かせて確かめます。それでOKが出たら、営業職に転職するかもしれません。内側に響かせていると、「何か違う」気がしてくることもあります。「よくわからないけど、内側に響かせていると、〝何かに閉じこもっている〟イメージが浮かんでくる。仕切りに囲まれているイメージが浮かんでくる……。

俺、個室が欲しいんだ。最低でも間仕切りだ。個室とか間仕切りがあって、自分の中に閉じこもることをすごく求めているんだ。そうしないと、そわそわして落ち着かない自分がずっといる」……。そういうことに気づくかもしれません。そうしたら、個室か、最低でも間仕切りができる職場に転職するのです。そうしないと、自分らしくいることはできないということがわかったからです。

このようにフォーカシングは、普段忙しく過ごしている人が、日常の時間の流れを一時的に停止して、ゆっくりと、自分の内側深くとつながり直すための方法です。人生のさまざまな問題について、流れに任せて短絡的に考えていくのではなく、自分の内側の深いところから、真に腑《ふ》に落ちた納得のいく答えを得ていくための有益な方法でもあります。

フォーカシングは、「他者とのしがらみから解放された自由な孤独」を、自己と向き合う「深い孤独」へと深化させていくために不可欠な方法です。

第10章

孤独の達人

最後になりました。この章では、幾人かの「孤独の達人」の実例を通して、改めて孤独について考えたいと思います。

▼哲学者の孤独

一人目は、哲学者のニーチェです。

哲学者というと、生涯孤独に過ごす人というイメージが強い方もいると思いますが、必ずしもそうではありません。

例えばソクラテスがそうです。ソクラテスは、ソクラテス式対話法という独自の方法で、対話を通して相手を真理に目覚めさせていく「哲学対話」で有名です。ソクラテスは、一人孤独にものを考えるだけでなく、「対話を通して」哲学していくタイプの哲学者です。ソクラテスの思想を語っている本もソクラテス自身が書いた本ではありません。ソクラテスのことを弟子のプラトンが書いた本です。ソクラテスが広場で若者をつかまえては議論をふっかけて、時には夜通し酒を酌《く》み交わしながら、「愛とは何か」「徳とは何か」「正義とは何か」といったテーマについて徹底的に話し合った、その記録を書いたのがプラトンだったのです。

カントも人との交流を好むタイプの哲学者でした。毎日決まった時間にいつも決まったコースを散歩していたという逸話から、堅物で厳格なイメージの強いカントですが、一人で食事をするのは健康によくないと考えたことから、家にはいつも六人分の食器を用意していたそうです。哲学者は、散歩中であれ、書斎の中であれ、ともかく孤独の中で考える作業が一日の大半を占めることから、精神のバランスを取るために、食事はできるだけ誰かと一緒にとるようにしていたのです。ソクラテスもカントも哲学者としては、バランスの取れたタイプの人だったのです。

一方、バランスがあまり取れていない哲学者の代表例が、ニーチェやキルケゴールです。ニーチェは、二五歳という異例の若さでスイスのバーゼル大学の教授になっていますが、三五歳から四五歳までの一〇年間は、年金生活者として冬はイタリア、夏はスイスに住むという渡り鳥のような放浪の生活を送っていました。ニーチェが書いた『人間的な、あまりに人間的な』という本は、当時わずか一二〇部しか売れなかったそうです。しかしそんなことにはめげずに、『ツァラトゥストラはかく語りき』という大著をものしました。一六三ページに書いたように、私は、深い孤独を生きるための条件の一つは、「人はわかってくれないもの」と覚悟して、承認・非承認に左右されないあり方を会得《えとく》することだと考えています。

この点についても、ニーチェは孤独の達人であると言えます。たとえ本が売れなくても、人々から認められなくても、絶大なる自信、揺るぎのない自己価値感があったのでしょう。「いつか自分の書物は多くの人に読まれるはずだ」「いつか自分の思想を研究する人が出てくるほどになるはずだ」と思いながら本を書いていたのです。自戒を込めて言いますが、ものを書く人は、本来、それぐらい腰をすえて書かないと本当にいいものなど書けないのでしょうね。

▼孤独が生んだニーチェの哲学

病気に苦しんでいたニーチェに、医者は結婚をすすめたそうです。本人も、結婚すれば病気がよくなるかもしれないと思っていたようで、結婚しようとしていました。けれどもニーチェは、孤独の達人であるばかりでなく、一目ぼれの達人でもあったようです。数時間前に知り合ったばかりの女性に求婚の手紙を出すなどして、二人の女性に求婚したけれども一方からは無視されて終わり。もう一方からは即座に断られています。

ニーチェは友人宛の手紙で、私の一切の努力は、理想的な屋根裏部屋の孤独を実現することであると言っています。ニーチェの作品は、この深い孤独から生み出されたものなのです。こうも言っています。

「私に必要なのは孤独である。つまり健やかになること、私自身への回帰、自由で軽やかに遊び戯れる空気を呼吸することである。私のツァラトゥストラ全編は孤独に捧げられた熱烈な賛歌である――」(『この人を見よ』)。

『ツァラトゥストラ』も、わずかな部数しか出版されませんでした。ニーチェは、多くの人にわかってもらうために書いたのではなく、ほんの少数でいいので「本当にわかってくれる人」を求めて書いていたのです。私はニーチェのこの姿勢に、とても強い共感を覚えます。

私自身も、何冊も本を書いています。今まで、単著と編著、共編著で(分担執筆や共著は除く)、二〇〇冊ほど著書を出しています。しかしそれでも、「本当にわかってもらえた」という経験はほとんどありません。明確に「わかってもらえた」という実感を得られたのは、これまでの五五年の人生で三回ぐらいです。それはいずれも私の本の読者の方からの手紙なんですね。しかも、その三人の方とは、一度も会ったことがないのです。けれども私は、その手紙を読んで、この人は私のことを、私という人間の考えていることの本質を理解してくれているという確信を持つことができました。この「三通の手紙」を求めて、私は本を書いてきたのだろうと思います。

▼恋人を突き放すために本を書いたキルケゴール

もう一人、実存思想の開祖といわれるキルケゴールを取り上げたいと思います。キルケゴールという人は、「自分もイエスが三三歳で死んだのと同様に、三三歳で死ぬはずだ。にもかかわらず、その年齢を過ぎてもまだ生きている」ことに悩み続けていたような人です。

キルケゴールも、ニーチェと同様に、恋愛については相当不器用な人でした。前にも触れましたが、レギーネ・オルセンという人と二六歳のときにものすごく激しい恋に落ちました。ここがニーチェと違うところですが、キルケゴールは、あらゆる手を使ってレギーネを口説きました。そしてその後ついに婚約に至るんですけれども、ようやく婚約に至ったにもかかわらず、自分のほうから婚約指輪を返送して、一方的に婚約を破棄したのです。

それはなぜか。キルケゴールはキリスト教を厳格に信仰していましたが、それでも「自分はまだ本当の信仰を持つに至っていない。こんな自分は結婚するには値しない」と考えたのです。言わば、自分は女性と婚約する前に神と結婚していたのだ、ということに気づいて婚約破棄に至ったのです。

しかもキルケゴールは、愛する人とようやく婚約できたその翌日には、そのことを後悔し始めます。そして、『誘惑者の日記』という本を書き始めましたが、これはなんと、レギーネに自分と婚約したことを後悔してもらうために書き始めた本なのです。お前が婚約したのはこんなふしだらな男であったとレギーネに気づいてもらうために、ある男性が女性を誘惑するお話なのです。

『誘惑者の日記』を出して、レギーネは自分のことを諦めただろうと思っていたキルケゴールでしたが、教会でレギーネに会ったときに彼女が二回頷いたのを見て、「僕があの本を書いたのは無駄であった。まだ彼女は僕に惚れている」と思いました。そしてさらにレギーネを突き放すための新たな本を書き始めたのです。

しかしながらこの後、意外な展開となります。ベルリンからキルケゴールが帰国すると、レギーネはスレイゲルという男性と婚約していました。キルケゴールはこのことに大きなショックを受けるのです。

そしてキルケゴールは今度は『受け取り直し』（『反復』）という本を書きます。この本でキルケゴールは、二人にとって失われた愛の復活はもう不可能である。けれども二人が内面的に変革されて「新しい自己」「真の信仰に目覚めた、宗教的な自己」となって生まれ変わることができたならば、二人の愛はこれまでと違う永遠の意義を持って、改めて回復されるはずだという思想を唱えたのです。つまり地上では結び合うことができなかった二人だけれど、神を媒介して、精神の世界の高みにおいては再び輝く愛としてつながり合うことができることを示そうとしたのです。

キルケゴールもニーチェに負けず劣らず生きるのが不器用な人であることがわかります。キルケゴールは、四二歳で亡くなりました。結局、まともな恋愛もできないまま、「自分は神と結婚していたのだから、人間とは結婚できなかったのだ」という思いを持ちながら、神のために一生を捧げて、宗教的な著作を書き続けた人生だったわけです。

このように考えると、ニーチェにもキルケゴールにも、生きるのが不器用で生きづらさを抱えていた人が、それでも何とか自己を整えて生きていくために孤独の中での執筆作業を必要としていた、という面があるように思います。

私にもまた、同じようなところがあります。何よりも、生きづらい人生をそれでも生きていくために、自己を何とか整える必要がある。そのために孤独の力で執筆し続けているのです。

ニーチェもキルケゴールも、悲しい孤独を背負った人生でした。だけれども、孤独に徹することによって、新たな思想を生み出すことができたわけです。それほど自分を追い詰めたからこそ、新しい思想を生み出すことができた。それはやはり、素晴らしい孤独だと思います。

▼モンテーニュ――耐え難かった読書三昧生活

もう一人、孤独の持つ良き面と悪しき面両方について考えさせられる思想家として『エセー』の著者として知られるモンテーニュを取り上げておきたいと思います。

孤独について心理学の文献を読んでいると、フランスの哲学者モンテーニュから何かしらの引用がなされていることが多いです。確かに、彼は孤独に関して重要なことを述べています。

モンテーニュは、居住していた「モンテーニュ城」で孤独に過ごしながら長い随筆集『エセー』を執筆しました。

裕福な家庭の出身であり、超エリートでもあったモンテーニュ。彼は、今で言うと、裁判所判事に該当する仕事に一三年間ついていましたが、それ以上の出世を自分から放棄して引退しました。十分にお金はあるので、城に閉じこもって安楽な人生を生きたいと思ったようです。三八歳のときのことです。そのときの決意を、彼は書斎の壁にラテン語でこう記しています。

「一五七一年三月一日の前日、すなわち、三八歳の誕生日にミッシェル・ド・モンテーニュは、まだ力に満ちあふれているものの、既に親しく奴隷のような宮遣いと公職の重荷に疲れ果てて、乙女のような学芸の胸に安らぐべく決心した。この安住な地と祖先から伝えられた平和な邸宅を保持することを運命が託してくれるなら、彼はこの静かな隠れ家で、既にその大部分が過ぎ去ってしまった人生の沈みゆく晩年を全うするであろう。彼はこの部屋を、自由と静寂と感化のために捧げた」

その後モンテーニュは読書三昧の生活を送るわけですが、結局、耐え難い憂うつに襲われるようになります。

モンテーニュにも、どこか愛着障害の気配が感じられます。実際、モンテーニュは母親とすごく仲が悪かったのですが、その理由は、父親がモンテーニュを愛していたがゆえの嫉妬《しっと》でした。またモンテーニュは三三歳のときに一一歳年下の名家の令嬢と結婚していますが、結婚後半年も経たないうちに妻は自分の弟と浮気を始めています。さらに、狡猾《こうかつ》な使用人に囲まれて、相当孤独な日々を過ごしていたようです。

モンテーニュ自身は生来人間嫌いでも、隠者でもありませんでした。若い頃出世したことからもわかるように、社交に向いた性格をしていたようです。そうであったからか、結局、読書三昧の生活というのは耐え難いものであったようです。ただ読書をするだけの生活では耐え難くなったので、『エセー』を書き始めたのです。

『エセー』の「孤独について」という一章、これはさまざまな心理学の文献でよく引用されています。「われわれはできれば、妻も子どもも財産も、健康も持つべきである。だがわれわれの孤独はただそれだけにかかっているほどに、それらに縛られてはいない。われわれは全てが自分のためだけにある、完全に自由になることができる、人目から隠された場所を確保しなければならない。そこで人間は本当の自由と本質的な退却を達成できるのである」(大意)。

では、孤独の中で人間は何をするか。世間が自分について何を語るかではなく、自分自身が自分自身に向かって如何に語るか、ということが大事だと述べています。「君たち自身の中に引っ込みたまえ。まずそこに自分を置ける場所を用意しなければいけない」。モンテーニュは「なるほど」と思うような、自分とつき合うための知恵についても記しています。

「自分が他人にとって無用な厄介《やっかい》な迷惑なものとなるこの没落の年齢には」――(注)これは中高年ということですね――今度は、「自分が自分にとっての迷惑な厄介な無用なものとならないように注意しなければならない」

とてもいいですね。つまり、中高年というのは、すでに他の人にとっては無用で厄介ものである。けれども重要なのは、自分が自分自身にとって迷惑なものにならないようにしなくてはならない。

そして言います。「自分を喜ばせなさい。自分をかわいがりなさい。自分を抑えなさい」。これは孤独を楽しむための大きな知恵だと思います。私もこれが、中高年が一人の時間をエンジョイするための大きな秘訣だと思います。

そういう意味で言うと、モンテーニュはとても新しい。今後、中高年の間でブームになるかもしれません。

▼グレン・グールド——コンサートを開かなかった天才ピアニスト

「孤独の達人」として、最後に取り上げたいのは天才ピアニスト、グレン・グールドです。

グレン・グールドは二〇世紀最大のピアニストと呼ばれています。

グールドは五〇歳で世を去りましたが、バッハのゴールドベルク変奏曲を二回スタジオ録音しています。若い頃の録音と死の直前の録音を聞き比べてみましたが、だいぶ変化しています。晩年の演奏のほうが遥かにゆっくりで、何か訴えかけてくるような感じがします。若い頃の録音では、冒頭のアリアの部分を一分五二秒で弾いているのですが、晩年の演奏では、約一・五倍の三分四秒という異常なまでにゆっくりしたテンポで弾いています。

知り合いの音楽好きに聞いたのですが、小澤征爾《おざわせいじ》氏はグールドのバッハについて、「彼自身が作曲している」と言っているそうです。曲を弾いている、というレベルではないということですね。

アメリカでデビューしたのが二三歳のときで、その後アメリカ各地で演奏活動をするようになると評判を呼び、絶賛を浴びました。シカゴ大学哲学科教授のデニス・ダットンは「実際かけてもいいが、二〇世紀の演奏家で、今後五〇〇年経っても聴かれるような演奏家が存在するとすれば、それはグレン・グールドであろう」と述べているほどです。

しかしグールドは、三一歳のときに、演奏会を開くことを完全にやめてしまいます。その理由は、自分が寄席芸人になったような気がしたから、と言っています。そして、コンサートピアニストをやめて、ひたすらスタジオでレコーディングにいそしみ続けました。カナダのトロントでずっとスタジオにこもっていたのです。彼の姿を見かけた人はほとんどおらず、ホテルでの一人暮らし。昼間は部屋のよろい窓を下ろして眠り、夕暮れ迫る頃起きるという完全に昼夜逆転の生活を送っていました。

▼グールドへの共感

グールドが演奏会をやめて、一人スタジオにこもり続けた心境は、私もわからないわけではありません。私自身も、講演会などで大勢の人の前で話をするときには、つい冗談ばかり言って、「笑い」をとろうとしてしまいます。サービス精神が強くて、人を楽しませるのが好きだからです。

グールドもおそらく、サービス精神が旺盛《おうせい》な人だったのではないでしょうか。大勢の人前でコンサートをすると、つい、観客が喜ぶような演奏をしてしまう。それに疲れて、彼は早々と引退して、スタジオ録音に徹したのだと思います。

私も、講演会などが続いた後は、無性に部屋にこもってものを書きたくなります。それはほぼ本能的にです。ですので、グールドが早々と引退した理由は、よくわかる気がします。

私がグールドに一番共感したのは、彼がエアコンがとても苦手だったことです。グールドは夏でもコートやマフラーを着用し、絶えず手袋をしていました。

実は私も、エアコンがとても苦手で、冷房が強い部屋で講演していると、夏でもコートが必要になります。皮膚がとても敏感で、エアコンの強烈な風にあたるといっぺんに体調を崩してしまうのです。

グールドが夏でもコートやマフラーを着用していたことについては、レコード会社がレコードを売るために、彼のキャラとして確立させたのだ、と言う人もいるようですが、少なくとも当初は必要性に基づいた行動だったはずです。

ただ、それだけが目的ではなかったかもしれません。コートもマフラーも手袋も、自分を守るため、外界から自分自身を遮断して、自分という小宇宙の調和を保つためのものだったのではないでしょうか。

グールドは本当に気を許せる数名の人以外とはなかなかつき合えなかったようです。グールドにも、一時期共に生活した、コーネリア・フォスという恋人がいたようです。しかし、グールドがあまりにも彼女を束縛するので、コーネリアはたまらず別居中の夫のところに逃げてしまいました。しかし、特定の気を許せる人にはとことん執着してしまう性分だったのでしょう。めったに電話で他人と話さないけれども、一度話し出すと止まらなくなってしまうところもあったようです。

グールドも私も、孤独を愛する人間ですが、「人にわかってほしい」「少数の人でいいから、本当にわかってくれる人が欲しい」という切実な気持ちを抱いていたと思います。だからこそ、私も本を二〇〇冊も書きました。グールドも自分をわかってもらうためにラジオやテレビに出演し原稿を執筆するなど、かなりの努力を払っています。これは彼が理解者を切実に求めていたがゆえのことだと思います。

グールドは演奏中、恍惚の表情を浮かべつつ変性意識状態――いわゆるトランス状態に入ることから「奇人」とも言われましたが、私にはとても親しく思える人物です。孤独を愛し、自分が自分であることを欲し、そして少数の深くわかり合える人とだけ、しっかりとつながっていたいのです。

▼「孤独こそ、人間の幸福にとって不可欠の要素である」

グールドは、「孤独は創造性を育《はぐく》み、和気藹々《あいあい》はそれを消滅させる」と言っています。これはとてもいい言葉ですね。さらに、「他の人間と一時間一緒にいれば、その倍Xの時間は一人でいる必要があると感じる」とも述べています。これは「自己の中心軸」を取り戻すために、他人と一緒にいた時間の数倍は必要であるということではないでしょうか。

『グレン・グールド　孤独のアリア』（ミシェル・シュネデール著、千葉文夫訳、筑摩書房）によると、一九六四年にトロント王立音楽院で行われた講演で、グールドは学生に向けて、「一人きりでいること。瞑想の中に沈潜し、それは音調として受け止めるように」と述べたそうです。これは彼のやってきたことを一言で表現したような言葉です。彼の演奏を一言で言い表すと、「瞑想の中に沈潜しながらの演奏」であったと言えるのではないでしょうか。

そのことを、自身が行った最後のコンサートの直後の講演で学生たちに話していたのです。

「孤独こそ、人間の幸福にとって不可欠の要素である」（グールド）

おわりに

私は、孤独である。

しかも、かなり、徹底的に孤独である。

一日の九五%は、一人で過ごしている。仕事も一人のことが多い。授業や講演会などでは一見、人と一緒にいるように見えるかもしれないが、実際やってみると、あれは、かなり孤独な作業である。私の授業や講演は双方向のコミュニケーションが多いほうであるが、それでも誰かとの協同作業というよりも、自分一人で切り盛りしていかないといけない。孤独な作業である。

なかでもとりわけ、長時間にわたる一人作業の最たるものが、本の執筆の仕事である。誰も監視してくれる人がいない中、自分でものを考え、それを言葉にしていかなくてはならない。つまり執筆の作業は、内的にも外的にも孤独である。本の執筆というのは、相当に孤独に強くなければ、とうていできない仕事である。

私は、孤独である。

しかも、かなり、徹底的に孤独である。

プライベートでも大半の時間を一人で過ごしている。食事をするのも九五％以上は一人である。面倒臭がり屋なので昼食も夕食もすべて外食である。神楽坂に住んでいるので、周囲にフレンチ、イタリアンなど、おいしい店には事欠かないが、私はほぼ毎日、周りがワイワイガヤガヤにぎわっている中で、一人、カウンターで食べている。

私は孤独である。

しかも、かなり、徹底的に孤独である。

私が孤独を徹底し、孤独に強くならざるを得なかったのは、やはり女性との関係と、師との関係が大きく影響していると思わざるを得ない。

二〇代の頃、最も強く愛した女性に愛されなかった。選んでもらえず、必要としてもらえなかった。

やはり二〇代の頃、最も認められたかった恩師に十分に認められなかった。選んでもらえず、必要とされなかった。亡くなる前にせめてあと三〇秒でも話をしたかったが、それは叶わなかった。

愛されたいと思った女性から愛されず、認められたいと思った恩師から認められなかった。その哀しみは、一生、消えることはないだろう。

愛されず認められなかった私は、愛されなくとも、認められなくても、一人、自分の人生に課された使命をまい進していく道を選ぶしかなかった。

私は、孤独である。

私はこれまでの人生で、そもそも、「誰かに本当に理解してもらえた」「本当にわかってもらえた」と思ったことがない。

私にも、誰かに理解してほしい、という気持ちがないわけではない。

むしろ、誰かに本当に理解してほしい、と強烈なる願いがあった。それがゆえに、本を二〇〇冊も書く必要があったのである。激烈な悪あがき。狂気の沙汰である。

しかし本を書いても、多くは、表面的に読み流されるか、誤解されるか、のいずれかである。本の感想を聞かされるときほど、落胆させられることはない。

この本を書いたので、私がどれほど孤独であるか、少しは理解してくれる人が出てくるかもしれないが、それもほのかな期待に過ぎない。死ぬまでの間、ほぼ確実に、これまでと変わらない孤独な毎日が続いていくのだろう。

このまま孤独で、いったい私の人生はどうなるのだろう、と、不安になることがないわけではない。

いや、実は、今でも、しばしば、ある。

自分が底なし沼の中を漂っているような、こころもとないイメージが浮かんでは、一人深夜に道を歩きながら、大声で叫びたくなることがある。

「この年まで自分なりに一生懸命頑張ってきたはずなのに、いったいこれまで何をやってきたのだろう」。そんなふうに自分が哀れに思えてきてしまい、自分をそっと抱きしめてあげることもある。

――これは、私が、気弱になっているときの心の風景である。

このように孤独は、まずは、否応なくそこに追い込まれていく否定的な状態として、私たちの人生にしばしばやってくる。

しかし、当たり前のことであるが、いつまでも「私は孤独だ。惨めだ」と嘆いていても仕方がない。

人間、どんなに孤独であっても、それを引き受け、自分の人生でやるべきことをやり、自分の人生に課された使命をまっとうしていくしかない。

この、すべての人間に共通の当たり前の真実を我が事として引き受けたとき、孤独であることが、ストンと腑に落ちることがある。

人間誰でも、孤独なのだ。家族がいても、恋人や愛人がいても、結局心の中では、同じような孤独が潜んでいるにちがいない。

人間は、結局、一人なのだ。

普段は、慰めでしかないこうした言葉が腹の中にストンと入ってきて、心からそう思えることがある。

すると、自分の中から伸びやかな生命エネルギーのようなものが沸き立ってくるのを感じることができる。

人間、結局、一人で生まれ、一人で生き、一人で死んでいく。

誰からも完全に理解されることなど、ありはしない。

この厳しい現実を自分のこととして、腹を据えて引き受けたとき、さわやかな生命エネルギーが自分の中からわいてくるのを感じることができる。

一人でかまわない。

誰からも理解されなくてもかまわない。

そもそも、「誰かに理解してもらいたい」などという甘ったるい期待を抱いているから、それが満たされないと落ち込むのであって、そのような幼児的な願望は捨て去ったほうがよい。それが大人というものだ。

そんなふうに心から思えて、孤独を引き受ける決意ができると、今度は翻《ひるがえ》って、自分がいかに多くのものたちに囲まれ、つながっているかを感じることがある。

私は、一人ではない。

大学生の娘がいる。私の失態を「お父さん、どんまい」と慰めてくれる。いい娘である。

私は一人ではない。

こうして著作を書いている間も、読者の心とつながっている。読者とつながっているからこそ、私は、読者に向けて、著作を書くこともできるのだ。

私は一人ではない。

授業や講演会で、私の話に耳を傾けてくれる多くの人がいる。

私は一人ではない。

カウンセリングやワークショップで、こころの深いつながりを感じることができる仲間がいる。

私は一人ではない。

心理学の平板化（フラットランド化）に抗《あらが》う運動を通して、この世界そのものの平板化に釘をさそうとしている。こうした学問的な営みを通して私は、心理学の歴史と未来、さらには人類の歴史と未来ともつながっている。

私は一人ではない。

たとえこの世界に、自分の本質を理解してくれると思える人が誰一人として存在していなくても、ただ天に向かって、手を差し伸ばしてみれば――、そこに感じ取ることができるはずだ――超越的真理の存在を。そしてそれが私とつながっていることを。

私は一人ではない。ずっと一人ではなかったし、実は一人であったことなど、これまで片時もありはしなかったのだ。

こうして、深い、深い孤独において、自分の内側の最も深いところとつながっていられるとき、同時に私は、逆説的に、最も強く、他者とのつながりを感じ取ることができる。深い、深い孤独において自己を究めていくとき、私は、自己の根底において、最も強烈に、そこが、自分ではない何かに開けそれと不可分につながっている場所であることを体験することができるのだ。

このようにして、私は、自己と深く向き合う孤独の時間においてのみ、そのとき同時に、私を超えた「何か」とのつながりを直に感じることができる。

このことを孤独の達人たちは、よく心得ている。

だからこそ、孤独の達人たちは、自己の内面に深く沈潜するにとどまらず、それを通して、ただひたすらに、自分の人生の使命に我を忘れて没頭しつつ日々を過ごすのである。

しがらみから解き放たれた自由と解放感を味わえること。

ゆったり流れる時間において、深く自己を見つめていくこと。

見えない何かと、自己自身とがダイレクトにつながれること。

自分の人生の使命に日々、没頭していくこと。

そして、深い孤独を知る人間同士だけが、ごく親密な少数の他者と、深くつながりあい響きあう特別な時間を持てること。

――これらが、孤独の醍醐味であろう。孤独の達人は、この孤独の醍醐味を日々味わっている。そして「だから孤独は最高だ。やめられない」と思っている。

◎本書で紹介したさまざまな心理学の方法は、次の研究会で学ぶことができます。どなたでも参加可能です。私のホームページ http://morotomi.net/ で内容を御確認の上、お申し込みください。

気づきと学びの心理学研究会〈アウエアネス〉事務局
〒101―0062
東京都千代田区神田駿河台1―1 明治大学14号館6階B611
「気づきと学びの心理学研究会事務局」
問い合わせ・申し込み先 E-mail：awareness@morotomi.net

PHP新書
PHP INTERFACE
https://www.php.co.jp/

諸富祥彦［もろとみ・よしひこ］

1963年福岡県生まれ。筑波大学人間学類、同大学院博士課程修了後、千葉大学教育学部助教授を経て、明治大学文学部教授。教育学博士。日本トランスパーソナル学会会長。臨床心理士。日本カウンセリング学会認定カウンセラー。大学で心理学を教えるかたわら、精力的にカウンセリング活動を続ける。
『人生に意味はあるか』『トランスパーソナル心理学入門』（以上、講談社現代新書）、『「本当の大人」になるための心理学』（集英社新書）、『生きていくことの意味』（PHP新書）など著書多数。

本文イラスト：宮重千穂

孤独の達人

自己を深める心理学

PHP新書 1154

二〇一八年八月三十日　第一版第一刷

著者——諸富祥彦
発行者——後藤淳一
発行所——株式会社PHP研究所
東京本部——〒135-8137 江東区豊洲5-6-52
第一制作部 ☎03-3520-9615（編集）
普及部 ☎03-3520-9630（販売）
京都本部——〒601-8411 京都市南区西九条北ノ内町11
編集協力 制作組版——株式会社PHPエディターズ・グループ
装幀者——芦澤泰偉＋児崎雅淑
印刷所 製本所——図書印刷株式会社

ISBN978-4-569-84051-2

PHP新書刊行にあたって

「繁栄を通じて平和と幸福を」(PEACE and HAPPINESS through PROSPERITY)の願いのもと、PHP研究所が創設されて今年で五十周年を迎えます。その歩みは、日本人が先の戦争を乗り越え、並々ならぬ努力を続けて、今日の繁栄を築き上げてきた軌跡に重なります。

しかし、平和で豊かな生活を手にした現在、多くの日本人は、自分が何のために生きているのか、どのように生きていきたいのかを、見失いつつあるように思われます。そして、その間にも、日本国内や世界のみならず地球規模での大きな変化が日々生起し、解決すべき問題となって私たちのもとに押し寄せてきます。

このような時代に人生の確かな価値を見出し、生きる喜びに満ちあふれた社会を実現するために、いま何が求められているのでしょうか。それは、先達が培ってきた知恵を紡ぎ直すこと、その上で自分たち一人一人がおかれた現実と進むべき未来について丹念に考えていくこと以外にはありません。

その営みは、単なる知識に終わらない深い思索へ、そしてよく生きるための哲学への旅でもあります。弊所が創設五十周年を迎えましたのを機に、PHP新書を創刊し、この新たな旅を読者と共に歩んでいきたいと思っています。多くの読者の共感と支援を心よりお願いいたします。

一九九六年十月

PHP研究所